Holger Schulz

Forum
Artenschutz

Der Weißstorch

Holger Schulz

Der Weißstorch

Lebensweise
und Schutz

Naturbuch Verlag

Der Autor: Dr. Holger Schulz, Jahrgang 1954, Diplom-
biologe, leitet das „Institut für Wiesen und Feuchtgebiete" des Naturschutzbund Deutschland (NABU) im
Storchendorf Bergenhusen. Er hat lange Jahre wissen-
schaftlich über den Weißstorch gearbeitet, vor allem
über Biologie und Gefährdung der Art entlang der Zugrouten in Afrika und im Mittleren Osten, und war
Direktor am saudi-arabischen Institut für Wildtier-
forschung in Taif. Zahlreiche wissenschaftliche und po-
puläre Publikationen. Mitarbeit bei mehreren deutschen und internationalen Naturschutzorganisationen.

Die Deutsche Bibliothek - CIP-Einheitsaufnahme
Der **Weißstorch**: Lebensweise und Schutz/
Holger Schulz. - Augsburg: Naturbuch-Verl., 1993
ISBN 3-89440-089-7
NE: Schulz, Holger

Naturbuch Verlag
© 1993 Weltbild Verlag GmbH, Augsburg
Alle Rechte vorbehalten
Lektorat: Gabriele Lauermann
Grafische und typografische Gestaltung:
grafikbüro kreck, Neu-Ulm
Illustrationen: Manuela Hutschenreiter, München
Reproduktionen: R+P Reprogesellschaft, Neu-Ulm
Umschlagfoto: W. Willner
Druck und Bindung: Interdruck Leipzig
Printed in Germany

ISBN 3-89 440-089-7

Vorwort

Ich hatte das Glück, in Ostpreußen aufzuwachsen. Mit seinen Wäldern und Seen, den weiten Feuchtgebieten und seinem Reichtum an Störchen ein Mekka für Naturbeobachtungen. Nach der 1934 durchgeführten Internationalen Bestandsaufnahme gab es damals in Deutschland 30 730 Brutpaare des Weißstorchs, davon allein 16 588 Paare in Ostpreußen. Schon damals hat mich der Weißstorch ganz besonders fasziniert – und er tut es auch heute noch.

1959 hatte ich Gelegenheit, das Leben von Freund Adebar im Film zu dokumentieren. Ich drehte den Unterrichtsfilm „Im Dorf der Weißen Störche" und eine gleichnamige Fernsehfassung, mit denen ich das Storchendorf Bergenhusen in Schleswig-Holstein mit seinen damals 36 Storchenpaaren einem großen Bevölkerungskreis bekannt machte. Fünf Monate lang, von April bis August, lebte ich in einem Ansitz auf einem Hausdach wie mit einer Tarnkappe mitten unter den Störchen und dabei glückten auch seltene Aufnahmen. Die Erlebnisse dieser herrlichen Zeit haben sich mir tief eingeprägt.

Heute ist es schwer geworden, solche Beobachtungen zu machen. Selbst in Bergenhusen brüteten im Jahr 1992 von dem einst so stattlichen Storchenbestand nur noch 10 Paare. In einer Zeit, in der die Erde immer mehr zu einer übervölkerten Zivilisationslandschaft wird, zeigt uns keine andere Tierart so überzeugend die Verpflichtung, die bedrohte Tierwelt unserer Heimat zu erhalten.

Mit großer Freude habe ich das vorliegende Buch gelesen, das neben der Biologie insbesondere die Gefährdung des Weißstorchs und die Möglichkeiten zu seiner Erhaltung in den Mittelpunkt stellt. Je mehr Menschen die wirklichen Probleme Adebars kennen umso größer ist die Chance, dem Storch wirksam und langfristig helfen zu können. Ich wünsche dem Buch deshalb eine weite Verbreitung und hoffe, daß es dazu beitragen möge, daß die Bemühungen um die Erhaltung und Schaffung ausgedehnter Wiesen und Feuchtgebiete als Weißstorchlebensräume einen großen Schritt voran kommen.

Heinz Sielmann, im April 1993

Inhaltsverzeichnis

Biologie
und
Ökologie

Die Störche
und ihre systematische
Einordnung

Stammesgeschichtlich sind die Störche eine sehr alte Vogelfamilie; Fossilfunde weisen darauf hin, daß mehrere Arten bereits im Oligozän, vor etwa 50 Millionen Jahren, existierten. Die Familie der Ciconiidae, zu der die Störche von den Systematikern zusammengefaßt werden, gehört mit 5 weiteren Vogelfamilien zur Ordnung der Schreitvögel, der Ciconiiformes. Insgesamt 19 Storchenarten leben heute auf der Erde. In neueren taxonomischen Arbeiten werden der Familie der Störche aufgrund morphologischer Kennzeichen und genetischer Untersuchungen außerdem die Neuweltgeier als Unterfamilie Cathartinae zu-

geordnet, zu denen unter anderen der Kalifornische Kondor (Gymnogyps californianus) gehört.

Alle Störche sind große, langbeinige Vögel; der größte der Familie ist der von Mexiko bis Argentinien beheimatete Jabiru (Jabiru mycteria). Lange spitze Schnäbel und lange Hälse, die sie beim Fliegen ausgestreckt halten, kennzeichnen fast alle Störche, ebenso wie die langen, breiten Flügel. Die langen Beine aller Arten sind beim Fliegen nach hinten ausgestreckt und überragen deutlich den kurzen Schwanz.

Aufgrund der Ergebnisse seiner langjährigen Forschungen teilte der Amerikaner M. P. KAHL die Störche

Nimmersatt (Mycteria ibis)
Verbreitung: subsaharisches Afrika

Marabu (Leptoptilos crumeniferus)
Verbreitung: tropisches Afrika

Sattelstorch (Ephippiorhynchus senegalensis)
Verbreitung: subsaharisches Afrika

nach Verhalten und Körpermerkmalen in 3 Gruppen ein: Die Gruppe der Waldstörche und Klaffschnäbel (Mycteriini) schließt unter anderem den in Afrika beheimateten Nimmersatt *(Mycteria ibis)* ein; die eigentlichen Störche (Ciconiini) umfassen neben unserem Weißstorch *(Ciconia ciconia)* dessen nächste Verwandte, z. B. den Schwarzstorch *(C. nigra)*, den Schwarzschnabelstorch *(C. boyciana)* und den Regenstorch *(C. abdimii)*; in der Gruppe der Riesenstörche und Marabus (Leptoptilini) werden die Marabuverwandten *(Leptoptilos)* und die größten Störche, der Jabiru, der Riesenstorch *(Ephippiorhynchus asiaticus)* und der Sattelstorch *(E. senegalensis)* zusammengefaßt.

Die Gefiederfärbung der meisten Storcharten ist überwiegend schwarz und weiß. Einige Arten haben unbefiederte Hälse und Köpfe, wie z. B. der Jabiru und der Waldstorch *(Mycteria americana)*. Der Argala *(Leptoptilos dubius)* und der Marabu *(L. crumeniferus)* besitzen große häutige, aufblasbare Kehlsäcke, die vermutlich während der Balz als Signal eingesetzt werden.

Viele Störche, u. a. der Weißstorch, haben an der Syrinx, dem Stimmapparat, keine oder eine nur schwach entwickelte Muskulatur, weshalb sie sich lediglich durch Zischlaute oder Schnabelklappern akustisch verständigen können. Deutliche Unterscheidungsmerkmale der Geschlechter gibt es bei den meisten Storchenarten nicht.

Störche sind Kosmopoliten; mit Ausnahme von Neuseeland und Ozeanien finden sie sich in allen Erdteilen. Ihre eigentliche Heimat sind die Tropen und Subtropen. Die meisten Arten bevorzugen aquatische oder amphibische Lebensräume, in denen sie ihre ausschließlich tierische Nahrung erbeuten. Verschiedene Arten sind in Bezug auf ihren Beuteerwerb stark spezialisiert, z. B. die Klaffschnäbel *(Anastomus)*, deren auffällig geformte Schnäbel hervorragend dazu geeignet sind, Schneckengehäuse und Muscheln aufzuknacken. Andere, wie unser Weißstorch, können als Opportunisten ein weites Spektrum von Nahrungsquellen nutzen, und der Marabu schließlich ernährt sich überwiegend von Aas.

Weißstorch und Schwarzstorch sind die zwei einzigen in Europa lebenden Vertreter der Storchenfamilie

Körpermerkmale des Weißstorchs

Etwa 80 cm mißt der Weißstorch vom Scheitel bis zur Fußsohle. Er ist damit einer der größten Vögel unserer Heimat. Am Boden oder auf seinem Nest ist er mit keinem anderen Vogel Europas zu verwechseln. Im Flug unterscheidet er sich durch den lang ausgestreckten Hals von fliegenden Reihern, die den Hals S-förmig zurückgelegt tragen.

Mit seiner Flügelspannweite von bis zu 2 m kann der Storch als Segelflieger gewaltige Entfernungen ohne Flügelschlag zurücklegen. Die etwa 35 cm langen Beine sind bestens geeignet für das Waten im seichten Wasser. 14 bis 19 cm lang ist der Schnabel, mit dem der Storch wie mit einer Pinzette seine Beute ergreift. Männliche Störche wiegen im Durchschnitt 3.800 g; die Weibchen sind mit 3.300 g etwas leichter. In Gefangenschaft kann Adebar mehr als 30 Jahre alt werden.

Das Gefieder ausgewachsener Weißstörche ist weiß, mit Ausnahme der schwarzen Handschwingen und benachbarter Flügelfedern. Die verlängerten Brust- und Halsfedern können bei bestimmten Verhaltensweisen, z. B. beim Klappern, gesträubt werden. Schnabel und Beine sind leuchtend rot bis orangerot; die im Sommer oder im afrikanischen Winterquartier häufig zu beobachtende Weißfärbung der Beine rührt von der Harnsäure her, die die Störche bei hohen Umgebungstemperaturen zur Thermoregulation auf ihre Beine absetzen. Im Freiland sind Männchen und Weibchen des Weißstorchs nur sehr schwer voneinander zu unterscheiden. Nur im direkten Vergleich fällt auf, daß das Männchen etwas größer ist und einen stärkeren und längeren Schnabel besitzt.

Beim Schlüpfen tragen die Storchenküken ein lockeres schmutzigweißes Dunengefieder, das nach einer Woche durch ein dichteres, längeres und reinweißes Dunenkleid ersetzt wird. Das erste richtige Federkleid, das Jugendgefieder, entspricht – mit Ausnahme der manchmal weniger intensiven Schwarzzeichnung der Handschwingen – dem der Altvögel. In den ersten Wochen und Monaten nach dem Ausfliegen aus dem Nest lassen sich Jungvögel an der noch schwarzen Schnabelspitze und ihren schmutzigroten Beinen von den Altvögeln unterscheiden.

Der lange Schnabel ist ein ideales Werkzeug zum Ergreifen der Beute

Die langen Beine ermöglichen das Waten im seichten Wasser

Große Flügel erleichtern das Segeln im Aufwind

Die Verbreitung Adebars

D as Brutareal des Weißstorchs umfaßt Europa, Westasien und Nordafrika. Ein großes, relativ geschlossenes Verbreitungsgebiet erstreckt sich von Nordwesteuropa aus nach Rußland und von Griechenland bis weit hinein nach Kleinasien. Die Nordgrenze des Verbreitungsgebietes des Weißstorchs bilden heute Dänemark und die Süd- und Ostküste der Ostsee bis zum Finnischen Meerbusen. Die einstigen Brutvorkommen Südschwedens sind inzwischen längst erloschen. Vom Finnischen Meerbusen aus verläuft die Verbreitungsgrenze in südöstlicher Richtung zuerst entlang der Linie St. Petersburg – Moskau zum Oberen Don am 40. Breitengrad. Von dort biegt sie wieder nach Südwesten, um westlich der Halbinsel Krim in der Ukraine das Schwarze Meer zu erreichen.

Die Westgrenze des mitteleuropäisch-westasiatischen Verbreitungsareals erstreckt sich von Holland aus nach Süden bis ins französische Elsaß und läuft von dort aus in südöstlicher Richtung zur Ostküste der Adria, der sie bis nach Griechenland folgt. Südlich des Schwarzen Meeres brüten Weißstörche in der Türkei, in Mesopotamien zwischen Euphrat und Tigris, in Armenien und Aserbaidschan und bis weit hinein nach Iran.

Mitteleuropa westlich der deutsch-französischen Grenze ist heute praktisch unbesiedelt. Weiter südlich jedoch, in Südwesteuropa und Nordafrika, findet sich ein zweites wichtiges Verbreitungsgebiet; in Spanien, Portugal, Marokko, Algerien und Tunesien brüten Weißstörche stellenweise noch in hoher Dichte. Die bedeutendsten Vorkommen der Art liegen in Osteuropa und Westasien.

Seit einigen Jahrzehnten schließlich ist ein inselartiges Vorkommen von einigen Weißstorch-Brutpaaren in der südafrikanischen Kapprovinz bekannt. Wahrscheinlich handelt es sich dabei um Vögel, die irgendwann den Rückzug nach Europa verpaßten und im Winterquartier „hängenblieben". In Zentralasien, etwa zwischen Aralsee und Sinkiang in Westchina brütet die asiatische Unterart des europäischen Weiß-

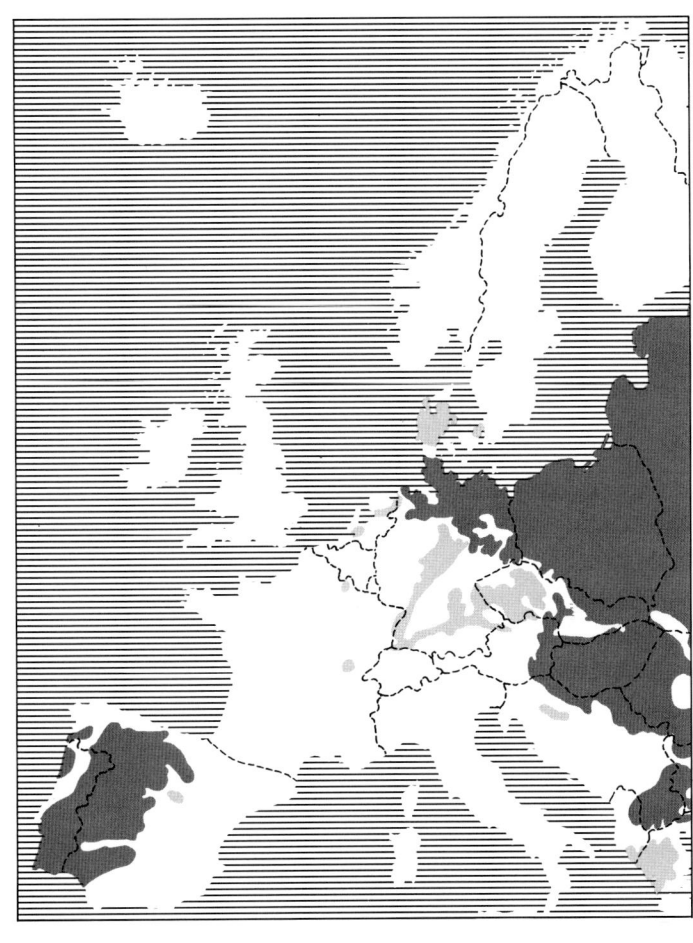

Vorkommen des Weißstorchs in Mitteleuropa: Dunkelgraue Flächen zeigen geschlossene Verbreitungsgebiete. Hellgrau markiert sind Gebiete mit nur lockerer, verinselter Verbreitung

storchs, der Turkestanstorch *(C.c. asiatica)*. Er ist etwas größer als seine europäischen Vettern und heute hochgradig vom Aussterben bedroht. Man nimmt an, daß höchstens noch 600 Brutpaare überleben.

Während der letzten internationalen Weißstorch-Bestandserfassung im Jahr 1984 wurden weltweit etwa 130.000 brütende Weißstorchpaare gezählt. Zusammen mit Nichtbrütern und Jungvögeln läßt sich daraus ein Weltbestand von annähernd einer halben Million Individuen abschätzen. Als Art ist der Weißstorch also nicht unmittelbar vom Aussterben bedroht. Anlaß zur Entwarnung gibt diese auf den ersten Blick so hohe Zahl aber nicht. Vor allem im westlichen Mitteleuropa sind seit Mitte dieses Jahrhunderts viele Weißstorch-populationen regelrecht zusammengebrochen. Immer mehr Gebiete verwaisen, und die „storchenfreie" Lücke zwischen den nordwesteuropäischen und iberischen Weißstorchpopulationen dehnt sich von Jahr zu Jahr weiter aus.

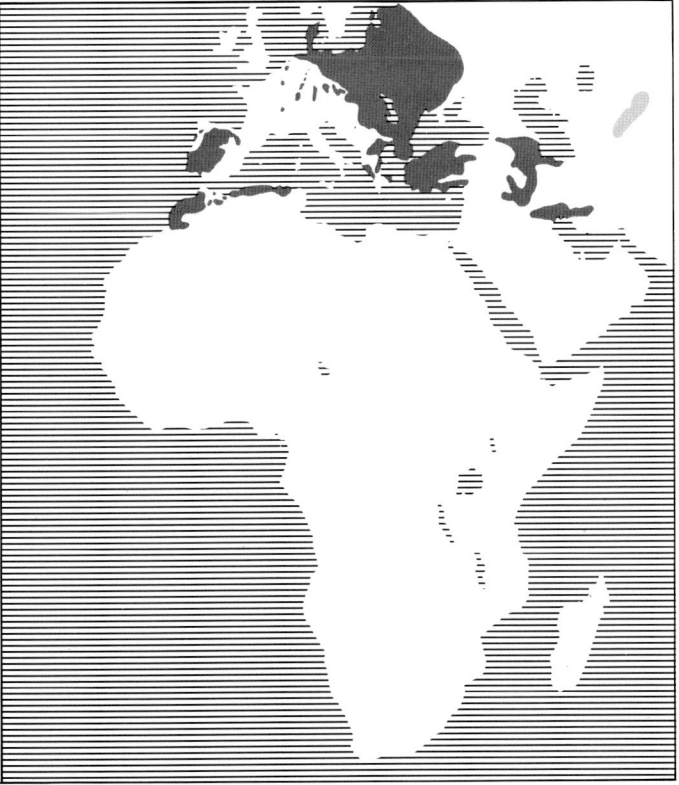

Gesamtverbreitung beider Unterarten des Weißstorchs: Dunkelgrau, das Verbreitungsgebiet des Weißstorchs Ciconia c. ciconia, hellgrau: Turkestanstorch Ciconia c. asiatica

Feuchte
Niederungen und
Flußauen sind die
bevorzugten
Lebensräume des
Weißstorchs. Dort
findet er genügend
Nahrung für seine
Jungen

Lebensraum und Nahrung

Erst die Rodung der Wälder durch den Menschen hat dem Weißstorch die Besiedlung weiter Gebiete ermöglicht, in denen er vorher nicht leben konnte. Der Weißstorch ist also ein ausgeprägter Kulturfolger – und doch hat auch er ganz spezifische Ansprüche an seinen Lebensraum. Vielleicht vermittelt ein kurzer Blick in ein fiktives „Paradies der Störche" den besten Eindruck von der Landschaft, in der Störche sich wohl fühlen.

Hoch von seinem Horst auf dem alten Bauernhaus überblickt Adebar eine vielgestaltige Landschaft: zum Altarm des Flußes hin stehen betagte, knorrige Eichen, mit kleineren Gehölzgruppen und Weidenbüschen dazwischen. Auf der anderen Seite erstreckt sich über viele Kilometer eine grüne Niederung, auf der hier und dort ausgedehnte wassergefüllte Senken silbern schimmern.

Die weißen Flecken überall auf der Ebene sind Gruppen von Störchen; manchmal stehen dort mehrere Hundert Langbeiner zusammen. Im nur fußtiefen Wasser der Niederung brodelt es: Tausende und Abertausende von Kaulquappen, Fröschen und Unken machen sich den Platz streitig, die Störche brauchen nur zuschnappen. Ringelnattern, manchmal über einen Meter lang, sonnen sich am Rand der Überschwemmungsflächen und bereichern den Speiseplan Adebars.

Phantasterei? Träume von Naturschützern, die eine „heile Welt" heraufbeschwören wollen? Keineswegs. Wo größere Flüsse noch in engen Mäandern ihren Weg selbst wählen und bei Hochwasser weite Bereiche überfluten können, dort fühlt sich der Storch auch heute noch wohl. Wo diese Gebiete jedoch verschwinden, wo der Mensch die Landschaft rücksichtslos vernichtet, dort muß auch Adebar die Fahnen streichen.

Der Storch liebt nasse Füße

Amphibische Lebensräume, Übergangszonen also zwischen Wasser und Land, gehören zu den produktivsten Ökosystemen dieser Erde. Frösche und viele andere feuchtigkeitsliebende Kleintiere finden dort die idealen Lebensbedingungen und kommen in entsprechend hoher Dichte vor. Uferzonen von Flüssen und Seen und periodisch überschwemmte Wiesen, Weiden und Niedermoore waren und sind deshalb fast überall in Europa die wichtigsten Nahrungshabitate des Weißstorchs – nirgendwo sonst könnten die großen Vögel ein ähnlich gutes Nahrungsangebot vorfinden.

Die größten Storchenkolonien Nordwest-, Mittel- und Osteuropas lebten in solchen feuchten Niederungsgebieten; auch heute noch finden sich fast alle in Deutschland brütenden Wießstorchpaare entlang von Flußläufen.

Die Biologin K. DZIEWIATY, die den Aktionsraum der Weißstorchpaare in der Dannenberger Elbmarsch untersuchte, einem der besten Weißstorchlebensräume Deutschlands, stellte fest, daß die von den Störchen aufgesuchten Nahrungsflächen meist nicht weiter als einen Kilometer vom Nest entfernt lagen. Auch P. SELLHEIM beobachtete an mehreren Storchenpaaren in der Allerniederung, daß der Aktionsradius der nahrungssuchenden Vögel meist zwischen 500 und 1.500 m um das Nest betrug. Der Bereich von etwa 1 1/2 km um einen Storchenhorst ist also als Nahrungsgebiet von besonderer Bedeutung.

Im Landkreis Hannover stellten die Zoologen R. LÖHMER, P. JASTER und F.-G. RECK jedoch fest, daß sich das Jagdrevier eines Storchenpaares in einen Nah- und einen Fernbereich untergliedern ließ. Während der Bebrütung der Eier und der ersten Wochen der Jungenaufzucht wurde der Nahbereich aufgesucht, der die Grünländereien und Kleinstgewässer bis zu einem Umkreis von 2 1/2 km um den Horst umfaßte. Danach nutzten die Vögel überwiegend den Fernbereich, grundwassernahes Grünland, das bis zu 8 km vom Horst entfernt war. Die Wissenschaftler erklärten diese Erweiterung des Aktionsraums ihres Storchenpaares mit dem Fehlen geeigneter Nahrungsgebiete in Nestnähe. Die nähergelegenen Bereiche waren dem steigenden Futterbedarf der heranwachsenden Störche offenbar nicht gewachsen.

Die Notwendigkeit, größere Entfernungen zurückzulegen, beeinträchtigt aus verständlichen Gründen die Effektivität der Nahrungssuche. Je größer die Entfernung der Nahrungsflächen zum Nest ist, desto weniger häufig können die Jungvögel gefüttert werden, und umso geringer ist die Chance, viele Junge erfolgreich aufzuziehen.

Ausnahmen bestätigen allerdings auch hier die Regel. Wenn in größerer Entfernung vom Neststandort außergewöhnlich gute Nahrungsbedingungen existieren, dann werden Langstreckenflüge in Kauf genommen. In meinen Untersuchungen zum Aktionsradius der Störche im „Optimalhabitat" der Saveaue in Kroatien beobachtete ich, daß viele Brutpaare ihre Nahrung bis zu 8 km von den Nestern entfernt suchten – obgleich auch in unmittelbarer Dorfnähe die Nahrungsbedingungen im Vergleich mit nordwesteuropäischen Verhältnissen sehr gut waren. Bis zu 85 km legten diese Störche täglich zwischen Nest und Nahrungsgebiet fliegend zurück, bis zu 2 Stunden täglich verbrachten sie dafür in der Luft. Warum dieser enorme zusätzliche Aufwand? Die weiter entfernt gelegenen Gebiete boten ein so hervorragendes Angebot an Beute, daß die längeren Flugzeiten sich letztlich doch lohnten. Im 10-30 cm hoch stehenden Wasser konnten die Störche dort die Kaulquappen und Frösche einfach einsammeln – oft, ohne dabei zu laufen. Bequemer läßt sich Nahrung nicht erbeuten.

Wie groß muß ein Gebiet sein, in dem ein Storchenpaar genug Nahrung findet? Eine allgemeingültige Antwort läßt sich auf diese Frage nicht geben. K.-M. THOMSEN und B. STRUWE untersuchten die Nahrungsräume mehrerer Storchenpaare in Schleswig-Holstein und stellten fest, daß die Nahrungsreviere um so kleiner waren, je höher ihre Qualität war. In Gebieten mit intensiver Grünlandnutzung und dadurch recht niedrigem Nahrungstierangebot lag die Größe der genutzten Nahrungshabitate zwischen 800 und 3.000 ha; in den weniger intensiv bewirtschafteten Regionen dagegen, in denen die Nahrungstierdichte deutlich höher

war, umfaßten die Nahrungsgebiete nur etwa ein Zehntel dieser Fläche. Der Vorteil solcher kleinerer Jagdgebiete liegt auf der Hand: die Störche brauchen weniger Zeit, um die erforderliche Nahrungsmenge zu erbeuten – und es bleibt ihnen mehr Zeit für die Fütterung der Jungen.

Nahrung muß nicht nur vorhanden, sie muß auch einfach und in großer Zahl zu erbeuten sein. Der österreichische Ornithologe P. SACKL stellte während seiner umfangreichen Untersuchungen zur Ökologie des Weißstorchs in der Steiermark fest, daß auf kurzrasigen, frisch geschnittenen Mähwiesen wesentlich mehr Nahrung erbeutet wurde als auf hochrasigen Wiesenparzellen – obgleich in letzteren die Zahl von

Wenn sich reichhaltige Beute bietet, werden auch Waldränder und andere Bereiche höherer Vegetation gelegentlich zur Nahrungssuche aufgesucht

Insekten wesentlich höher war. Eine gewisse Nutzung von Wiesenflächen, die die Ausprägung zu hoher Vegetation verhindert, kommt also dem Weißstorch entgegen. Aus dem gleichen Grund wohl finden sich Weißstörche so gerne bei der Wiesenmahd ein oder folgen pflügenden Traktoren. In beiden Fällen werden Kerbtiere, Würmer und Kleinsäuger schutzlos an die Oberfläche befördert und können vom Storch leicht aufgesammelt werden.

Hohe Nahrungstierdichte und leichte Erbeutbarkeit sind die ausschlaggebenden Faktoren für den Fortpflanzungserfolg des Weißstorchs – und damit für das langfristige Überleben der Art. Die Zeit, die Storcheneltern aufwenden müssen, um ihren Nachwuchs mit Futter versorgen zu können, ist ein zuverlässiges Maß für die Nahrungssituation eines Brutpaares – und für den ökologischen Zustand der Nestumgebung. Bei in Schleswig-Holstein untersuchten Storchenpaaren mit bereits älteren Jungvögeln war jeder Partner bis zu drei Viertel der Tageszeit zur Futterbeschaffung vom Horst abwesend. Höchstens 4 Junge wuchsen dort pro Nest auf, bei einem durchschnittlichen Bruterfolg aller Paare von weniger als 2 ausfliegenden Jungen pro Paar. In den Saveauen Kroatiens dagegen suchte jeder Altstorch nur jeweils etwa ein Viertel der Tageszeit nach Nahrung. Trotzdem gelang es dort den Storcheneltern, genug Nahrung herbeizutragen, um den Hunger von bis zu 6 Jungvögeln zu stillen und durchschnittlich fast 3 Junge pro Nest zum Ausfliegen zu bringen. Daß solche durch die Verfügbarkeit der Nahrung bedingten Unterschiede im Fortpflanzungserfolg langfristig Auswirkungen auf die Bestandsentwicklung haben müssen, liegt auf der Hand.

In sehr guten Nahrungsgebieten wie hier in der Save-Stromaue jagen manchmal große Trupps von Störchen gemeinsam nach Beute

Was frißt der Storch?

Das Klischee vom Storch als Froschjäger par excellence war früher sicher einmal richtig. Frösche, Kröten, Kaulquappen und andere Lurche waren ehemals die wichtigsten Nahrungstiere des Weißstorchs. Heute, wo Feuchtgebiete selten geworden sind, hat sich Adebar vielerorts auf andere Beute verlegt. Grundsätzlich bereitete ihm das keine Schwierigkeit. Als ausgeprägter Nahrungsopportunist frißt der Storch fast alle tierische Nahrung, die nicht zu klein, nicht zu groß und einfach zu erbeuten ist. Sein Speiseplan ist reichhaltiger als der der meisten anderen europäischen Vogelarten. Die Liste der Tierarten, die vom Storch erbeutet werden, liest sich wie eine Aufzählung der in Europa vorkommenden Kleintiere.

Während der ersten Lebenswochen der Jungen werden hauptsächlich Regenwürmer, Larven von Insekten, z. B. der großen Tipulaschnaken, und große Kerbtiere wie Heuschrecken und Laufkäfer verfüttert. Von der zweiten Lebenswoche der Küken an verschiebt sich das Spektrum hin zu größeren Beutetieren. Eidechsen, Schlangen, Maulwürfe, Spitzmäuse, junge Ratten, aber auch Schnecken, Muscheln und selbst Fische bilden dann den Speiseplan. Seltener sind so große Beutetiere wie Hamster, Wiesel oder Schermäuse, an denen ein erwachsener Storch lange zu tun hat, bevor er sie verschlingen kann. Gelegentlich werden die Jungen bodenbrütender Vögel genommen, was Adebar in früheren Zeiten den zweifelhaften Ruf eines „Jagdschädlings" eingebracht hat. Die Berichte, daß Weißstörche selbst junge Ziegen und Katzen fressen, sind allerdings zu bezweifeln. Störche als Dauergäste auf Müllkippen? Ein Bild, das man sich nur schwer vorstellen kann. Und doch gibt es inzwischen viele Störche, die fast ausschließlich von Essens- und Schlachtabfällen leben. Sogar Aas wird nicht verschmäht.

Im Laufe des Jahres und auch von Jahr zu Jahr kann es, je nach Verfügbarkeit der Beute, zu drastischen Änderungen im Nahrungsspektrum Adebars kommen. Gut ergeht es den Störchen in Mäusejahren. Sie stellen sich dann ganz auf die Jagd nach den Nagern ein und füttern auch ihre Jungen fast ausschließlich mit Mäusen. Die Nager sind jedoch keine zuverlässige Nahrungsquelle, da es nur alle paar Jahre zu Mäuseplagen kommt.

Nicht in allen Bereichen seines Verbreitungsgebietes findet Adebar die oben beschriebenen Lebensbedingungen vor. Im Gegensatz zu Mittel- und Osteuropa, wo der Weißstorch weitgehend an das Vorkommen von Feuchtgebieten und nassem Grünland gebunden ist, brüten die Vögel in Spanien oder in Nordafrika in trockenen Steppen- und Halbwüstengebieten. Dort sind es hauptsächlich Heuschrecken, die dem Storch das Überleben garantieren. Auch in den Savannen Afrikas stellen Kerbtiere, vor allem wenn sie in Massen auftreten, eine wichtige Nahrungsquelle Adebars dar.

Bei der Jagd nach Beutetieren wendet der Storch unterschiedliche Techniken an. Insekten, Frösche und andere sehr mobile Nahrungstiere werden während der Schreitjagd mit dem spitzen Schnabel ergriffen. Manchmal macht der Vogel dabei einige schnellere Schritte, gelegentlich sogar von Flügelschlägen unterstützt, um fliehende Beutetiere zu erreichen. Sind Mäuse die häufigste Nahrung, dann wendet der Storch die Lauerjagd an. Bewegungslos steht er nahe einem Mäuseloch, wartet, bis dessen Bewohner unvorsichtig wird und sich aus dem Versteck wagt und stößt dann blitzschnell zu. Meist wird das Lauern nach 1 bis 2 Minuten aufgegeben, aber es wurde auch beobachtet, daß ein Storch in der beschriebenen Weise 20 Minuten lang vor einem Mäuseloch verharrte. Gelegentlich greifen Störche fliegende Insekten, ja sogar vorbeifliegende Kleinvögel mit dem Schnabel aus der Luft. Bei anderen Methoden des Nahrungserwerbs spielt der Tastsinn eine wichtige Rolle. So werden kleine, sehr flache Wasserflächen, z. B. wassergefüllte Trittmulden von Weidevieh, mit raschem Schließen und Öffnen der Schnabelhälften „durchgeschnäbelt", um Kaulquappen, Egel und andere Nahrung zu erbeuten. Regenwürmer fängt der Storch, indem er mit geschlossenem oder leicht geöffnetem Schnabel im weichen Boden sondiert. Kleinere Beutetiere werden sofort ganz geschluckt, während größere längere Zeit mit dem Schnabel am Boden bearbeitet und wiederholt aufgehoben und wieder fallengelassen werden. Die ergriffene Beute wird schließlich durch ein ruckartiges Zurückwerfen des Kopfes tief in den Schnabel geschleudert und dann verschluckt.

Unverdauliche Nahrungsreste würgen Weißstörche, ähnlich wie Greifvögel, als Gewölle wieder aus. Die ovalen, grau bis tiefbraunen Speiballen sind etwa 50 x 35 mm groß und wiegen um die 16 g. Man kann sie vor allem an den Stellen finden, an denen die Störche übernachtet haben. Die Chitinreste, Knochen und Federn, die in den Gewöllen enthalten sind, geben Hinweise darauf, wovon sich ein Storch tags zuvor ernährt hat.

Der tägliche Nahrungsbedarf eines ausgewachsenen Weißstorchs liegt bei etwa 500 g.

Jungvögel benötigen jedoch wesentlich mehr: bis zu 1.200 g Futter pro Tag verschlingen sie während der Zeit ihres größten Wachstums. Im Falle einer Storchenfamilie mit 4 Jungen bedeutet dies für die Eltern, täglich mehr als 5 kg Beute zu fangen – wer je versucht hat, genug Würmer, Frösche, Mäuse oder anderes Getier zu sammeln, um damit einen Wassereimer zur Hälfte füllen zu können, der weiß, welche Leistung die Storcheneltern vollbringen.

Frösche, Insekten, und andere Kleintiere erbeutet der Storch, während er langsam durch sein Nahrungsgebiet schreitet (oben)

Lauernd steht der Storch vor einem Mäuseloch; er wartet bis dessen Bewohner unvorsichtig wird, um ihn dann blitzschnell zu packen (unten)

Die Brutzeit

Keine andere Vogelart erlaubt uns so intime Einsichten in ihr Familienleben wie der Weißstorch. Vom Horstbau bis zum Ausfliegen der Jungen läuft seine Fortpflanzung oft in unserer unmittelbaren Nachbarschaft ab. Wahrscheinlich ist das der Grund für die starke Beziehung, die der Mensch zu Adebar entwickelt hat.

Dort, wo Störche noch in größerer Zahl vorkommen, brüten sie vorzugsweise in kolonieähnlichen Ansammlungen, gelegentlich auch zusammen mit anderen Vogelarten wie Kuh- und Graureihern. Die Save-Stromaue in Kroatien ist solch ein „Storchenparadies": In einigen Dörfern finden sich bis zu 5 besetzte Storchenhorste auf einem einzigen Hausdach. In dem Storchendorf Cigoc brüteten 1989 auf eng begrenztem Raum mehr als 50 Storchenpaare. Berühmt ist die Farm Noêl bei Mirabeau in Algerien, wo 1959 auf einem Scheunendach 14 Brutpaare gezählt wurden. Es ist noch nicht allzu lange her, daß auch in Deutschland solche „Storchenspektakel" zu beobachten waren.

Der Storchenhorst – Behausung für Jahrzehnte
Storchenhorste sind gewaltige Bauwerke. Sie werden oft über Jahrzehnte hinweg benutzt; in Langensalza bei

Erfurt soll ein und derselbe Horst seit 1549, also seit etwa 240 Jahren, von Störchen besetzt sein.

Bald nach der Heimkehr aus dem Winterquartier beginnen beide Brutpartner mit der Reinigung und Reparatur des Horstes, und selbst während der Jungenaufzucht werden häufig Äste, Heu oder anderes Nistmaterial mitgebracht und in das Nest eingebaut. Ausmaß und Gewicht der Horste können im Laufe der Jahre beeindruckende Dimensionen annehmen. Bei einem Durchmesser von 1–2 m und einer Höhe von bis zu 4 m wiegen solche „Storchenburgen" häufig 500-600 kg, und Nester von mehr als einer Tonne Gewicht sind keine Seltenheit. Der Storchenhorst auf dem Kirchturm von Mengen in Baden-Württemberg mußte 1976 aus Sicherheitsgründen abgetragen werden; er maß fast 2 m im Durchmesser, war ebenso hoch, und wog mehr als 2 Tonnen! Das Nistmaterial, welches die Altvögel gewöhnlich in der Umgebung des Neststandortes sammeln, transportieren sie bündelweise quer im Schnabel zum Horst. In Gebieten mit hoher Dichte von Storchenhorsten kommt es nicht selten vor, daß sich die Vögel gegenseitig das Material aus den bereits bestehenden Nestern stehlen oder um am Boden liegendes Nistmaterial heftig streiten.

Der Unterbau eines Storchennestes besteht aus mindestens daumendicken Ästen, die länger als 1 m

Trockene Zweige,
Heu, Stroh und
anderes Nist-
material wird am
Boden einge-
sammelt und im
Schnabel zum Nest
transportiert

sein können. Ist er fertiggestellt, bringen die Störche Reisig und schwächere Äste herbei, die mit seitlichen Bewegungen des Kopfes ineinander verhakt werden und so schließlich die Hauptmasse des Horstes bilden. Der obere Teil des Nestes wird aus feineren Zweigen geformt, und die Mulde wird schließlich mit Laub, Stroh, Mist, aber auch Papier, alten Socken und ähnlichem Material ausgepolstert. Aus Nahrungsresten, Erde und Gewölleteilen bildet sich im Verlauf der Brutperiode in der Nestmulde häufig ein fester Boden.

Besetzte Storchennester dienen gleichzeitig auch verschiedenen anderen Tierarten als Wohnstatt. Haussperling und Star sind die häufigsten Untermieter und brüten nicht selten in beachtlicher Zahl im Reisig eines Storchenhorstes. In Niedersachsen zog ein Waldkauz drei Junge im Nest eines Weißstorchpaares auf, und mehrfach wurde ähnliches über Dohlen und Turmfalken bekannt. Der Storchenforscher G. CREUTZ berichtet gar von einem Storchenhorst, in dem sich 20 Ratten eingenistet und schließlich die Jungen nahezu restlos aufgefressen hatten.

In Mittel- und Westeuropa errichten Störche ihre Horste bevorzugt auf den höchsten Gebäuden eines Dorfes. In Nordafrika und einigen Ländern Südeuropas dagegen brüten die Langbeiner gerne in Bäumen. In den trockenen Steppengebieten Spaniens sind es meist Stiel- oder Korkeichen und Pinien, in Portugal findet man Storchenhorste oft in Eukalyptusbäumen, die als Alleen die Straßen säumen. Selbst auf Opuntien-Kakteen richten sich Störche in Südeuropa gelegentlich ihre Wohnstatt ein. Zuweilen müssen riesige Felsblöcke als Neststandort herhalten; die Eier oder Jungvögel sind dort sicher vor Feinden. Wahrscheinlich sehen die Störche auch in unseren Gebäuden einfach nur künstliche Felsen.

Gerne brüten Störche auch auf den Masten von Niederspannungsleitungen und anderen hohen Pfählen; um zu verhindern, daß es durch Berührung der Leitungen durch die Störche zu Stromausfällen kommt, werden mancherorts Nistplatten oberhalb der Leitungen angebracht. In Ungarn befinden sich inzwischen mehr als die Hälfte aller Storchennester auf solchen gesicherten Masten.

Die Palette der ungewöhnlichen Nistplätze ist breit. In Rumänien brüten Störche zuweilen auf den Misthaufen der Bauernhöfe, nur wenige Meter über dem Boden; Reisighaufen dienen in Ungarn gelegentlich als Nestunterlage; in Estland nistete ein Storchenpaar auf einer Holzverladeeinrichtung und ließ sich durch Arbei-

Auch in Europa brüten Weißstörche mancherorts gerne auf Bäumen – so wie hier in der Estremadura in Spanien

ten mit der Maschine nicht stören. Einige Male wurden brütende Störche sogar im verlassenen Nest eines Fischadlers oder anderer Greifvögel gefunden.

Klappern gehört zum Handwerk

Unmittelbar nach ihrer Ankunft im Brutgebiet, in Westeuropa gewöhnlich etwa Ende März bis Mitte April, besetzen die Storchen-Männchen ihre Horste. Im allgemeinen treffen die Weibchen wenige Tage später ein. Das Männchen verläßt während dieser Zeit den Horst nur selten, bewacht ihn gegen andere „Interessenten" und verjagt jeden Eindringling, der sich nicht sofort durch sein Verhalten als Weibchen zu erkennen gibt.

Zuerst verteidigt fast jedes Männchen mehrere benachbarte Nester; andere Männchen jedoch, die etwas später eintreffen, erheben ebenfalls Anspruch auf einen Nistplatz, und nach vielen Auseinandersetzungen, die sogar in heftigen Luftkämpfen enden können, geben sich die meisten Männchen schließlich mit einem einzigen Horst zufrieden.

Landet endlich ein Weibchen in der Nähe des Horstes, dann wird es mit ausdauerndem Klappern willkommen geheißen. Das Männchen wirft den Kopf weit nach oben und beginnt, die beiden Schnabelhälften schnell aufeinander zu schlagen. Während des Klapperns wird der Schwanz aufgerichtet, und die Flügel

Das Klappern ist die auffälligste Verhaltensweise unserer Störche. Es dient der Begrüßung des Partners oder dem Verjagen von Eindringlingen (oben dargestellt)

werden etwas gelüftet und hängen leicht herunter. Durch die ganze Brutsaison hindurch wird der jeweils zum Nest zurückkehrende Partner klappernd begrüßt. Klappern hat jedoch nicht nur freundliche Bedeutung, sondern es kann auch Ausdruck des Drohens sein; Eindringlinge oder Feinde werden klappernd gewarnt und verjagt.

Bald nach dem Zusammentreffen der Partner, zuweilen schon 15 Minuten nach Ankunft des Weibchens, kommt es auf dem Horst zu ersten Paarungen. Das Männchen schreitet 1–2mal um das dabei meist sitzende Weibchen und besteigt es dann, wobei es

Ausdauerndes Klappern begleitet die Phase der Paarbildung im Frühjahr (oben)

Flügelschlagend hält das Männchen bei der Paarung auf dem Rücken des Weibchens das Gleichgewicht (Mitte)

Mit vorsichtigen Schnabelbewegungen wendet der Altstorch die Eier, bevor er sich zum Brüten niederläßt (unten)

flügelschlagend das Gleichgewicht hält. Während der Paarung klappern beide Vögel verhalten und leise, und das Männchen führt schnäbelnde Bewegungen nach Kopf und Hals des Weibchens aus. Bis zu 10 mal täglich paaren sich Störche während der ersten 2 Wochen, und noch bis etwa zur vierten Woche können Kopulationen regelmäßig beobachtet werden. Die sprichwörtliche Treue der Storchenpaare gibt es aber in Wirklichkeit nicht. Störche führen eine „saisonale Einehe": Im Herbst ziehen Männchen und Weibchen getrennt nach Afrika, und nur die Sehnsucht nach dem gewohnten Horst führt die Partner vielleicht im nächsten Jahr wieder zusammen.

Die meisten Störche kehren im Alter von 3 Jahren aus den Winterquartieren erstmals in ihr Geburtsgebiet zurück. Sie sind dann zwar geschlechtsreif, aber nur etwa jeder Zehnte der 3jährigen nimmt am Brutgeschehen teil. Viele der geschlechtsreifen Jungstörche treiben sich in Junggesellentrupps in den Brutgebieten herum, stören die Brutpaare und versuchen, besetzte Horste zu erobern. Gelegentlich hat ihre Streitsucht sogar den Verlust von Gelegen etablierter Storchenpaare zur Folge. Im Alter von 4 oder 5 Jahren schließlich brüten die meisten Störche. Die Beobachtung eines 24jährigen Storches, der noch 5 Junge aufzog, zeugt davon, daß Weißstörche bis ins hohe Alter hinein fruchtbar bleiben.

Eier und Küken – arbeitsreiche Zeit im Storchenhorst

Bald nach der ersten Paarung beginnen die Störche mit der Eiablage. Im Abstand von zwei, manchmal auch drei Tagen, werden die Eier gelegt. Die mittlere Gelegestärke liegt bei 3–4 Eiern, wobei es jedoch zu erheblichen jährlichen Schwankungen kommen kann. Am häufigsten sind 3er-Gelege, in manchen „guten" Jahren auch Gelege mit 4 Eiern. 5er-Gelege stellen in Mitteleuropa eher die Ausnahme dar, und Nester mit 6 Eiern sind selten. Nur wenige Male wird in der sehr umfangreichen Storchenliteratur über Gelege mit 7 Eiern berichtet.

Klappernd begrüßen sich die Partner am Nest, bevor der soeben zum Nest zurückgekehrte Vogel die Jungen füttert

Wesentlich niedriger als die Zahl der Eier ist die Anzahl ausfliegender Jungvögel; sie liegt in Deutschland meist bei 1-2 Jungen im Durchschnitt (aller Brutpaare). Nur dort, wo die Nahrungsvoraussetzungen wirklich sehr gut sind, gelingt es den Eltern, alle Jungvögel eines Horstes großzuziehen. Ungünstige klimatische Verhältnisse können drastische Auswirkungen auf den Fortpflanzungserfolg haben.

Die Eier des Weißstorchs sind matt weiß. Ihre Größe kann regional leicht variieren; G. CREUTZ errechnete aus 150 Eiern eine mittlere Eigröße von 73,0 x 51,8 mm und ein Durchschnittsgewicht von 110 g.

Bereits nach Ablage des zweiten oder dritten Eies beginnen die Störche zu brüten. Sowohl Männchen als auch Weibchen beteiligen sich am Brutgeschäft und lösen sich mehrmals am Tag ab. Kehrt ein Partner zum Horst zurück, wird er vom brütenden mit lautem Geklapper empfangen. Der bisher brütende Vogel steht vom Gelege auf und fliegt meist sofort davon, während sich der neu angekommene Altstorch auf den Eiern niederläßt.

Etwa 32 Tage nach Brutbeginn kündigt sich das Schlüpfen der Jungen an. Der brütende Altvogel steht nun häufiger vom Nest auf als zuvor, betastet die Eier mit dem Schnabel und stochert im Nestboden umher. Auf die Hilfe der Eltern können die schlüpfenden Kü-

ken dabei jedoch nicht zählen; sie müssen sich selbst aus der Eischale befreien. Die Neugeborenen wiegen nur 65 bis 80 g; sie sind zuerst blind, öffnen aber bereits nach wenigen Stunden die Augen. Mit ihrem weißen Flaumgefieder, dem scheinbar viel zu großen dunklen Schnabel und den starken Beinen sehen sie grotesk aus. Schon gleich nach dem Schlüpfen zeigt sich jedoch, daß sie richtige Störche sind: wenn auch noch lautlos und ungeschickt, so klappern sie doch bereits mit dem Schnabel.

Für die Storcheneltern beginnt nun eine arbeitsreiche Zeit. Während der ersten 3 Lebenswochen der Küken bleibt einer der Altvögel ständig wachehaltend am Nest und schützt die Kleinen, wenn nötig, mit seinem Körper und den Flügeln gegen Regen oder zu starke Sonneneinstrahlung; der andere Partner muß währenddessen für die Beschaffung der Nahrung sorgen. Die Küken können sich zu Beginn ihres Lebens nur von kleinen zarten Beutetieren ernähren, die von den Altvögeln in kurzen Zeitabständen zum Nest gebracht werden.

Vom ersten Lebenstag an fressen die Küken selbständig. Mit krampfähnlichen Bewegungen und anscheinend unter erheblicher Anstrengung, bei weit nach unten gebeugtem Kopf, würgt der von der Nahrungssuche zurückgekehrte Altstorch das Futter in die Mitte der Nestmulde, wo es von den Jungen aufgenommen und verschlungen wird. Im Alter von einigen Tagen bedrängen die Küken bereits ihre fütternden Eltern und recken sich gierig dem Schnabel des Altvogels entgegen – so mancher Nahrungsbrocken wird hastig geschnappt und verschlungen, bevor er auf den Nestboden fallen kann. Sind die Küken 3 Wochen alt, dann scheint nichts Freßbares mehr zu groß zu sein, als daß sie es nicht verschlingen könnten. Um Schlangen, die zuweilen von den Eltern herangebracht werden, beginnt manchmal ein regelrechtes „Tauziehen"; Gewinner bleibt schließlich, wer schneller war und deshalb bereits den größeren Teil der begehrten Beute im Schlund hat.

An heißen Tagen und bei anhaltender Trockenheit werden die Jungen von den Eltern zusätzlich getränkt. Die Altvögel bringen das Wasser im Schlund herbei und würgen es bei schräg vorgestrecktem Hals, mit weniger tief in die Nestmulde gebeugtem Schnabel als bei der Fütterung, aus. Gierig wird das erfrischende Naß von den Jungen aufgefangen, bevor es im Reisig des Nestes versickern kann.

Etwa vom 25. Lebenstag an können sich beide Altstörche der Nahrungssuche für den Nachwuchs widmen. Bleibt einer der Eltern auch jetzt noch bei den Jungen zurück, so wird ihm das Getümmel im Horst bald zu aufregend; er fliegt zu einem benachbarten Dachfirst oder einem anderen Ruheplatz, um das Geschehen von dort aus weiter zu beobachten. Droht eine Gefahr, z. B. durch in geringer Höhe überfliegende Greifvögel, dann fallen die Jungvögel in „Akinese": sie drücken sich mit flach vorgestrecktem Kopf und Hals tief in die Nestmulde und vermeiden es damit, die Aufmerksamkeit des Feindes auf sich zu lenken.

Die Jungen wachsen erstaunlich schnell: Ihr Geburtsgewicht hat sich im Alter von 2 Wochen bereits verzehnfacht. Mit 3 Wochen nehmen Jungstörche täglich etwa 150–200 g zu, und mindestens das 3–4fache ihrer Gewichtszunahme verschlingen sie an Nahrung. Ihr Höchstgewicht erreichen die Jungen im Alter von 7–8 Wochen.

Mit etwa 3 Wochen können die Jungstörche bereits stehen. Zum Absetzen ihrer Exkremente bewegen sie ihr Hinterteil zum Nestrand, beugen sich nach vorne und spritzen den Kot in einem kräftigen weißen Strahl aus dem Horst, in gleicher Weise, wie es auch die Altvögel tun. Das Nest wird auf diese Weise sauber gehalten, auf dem Hausdach oder Brutbaum bildet sich jedoch bald ein dichter weißer Belag aus Harnsäure.

In der 7. Lebenswoche haben die Jungstörche fast die Größe ihrer Eltern erreicht. Ihr erstes Federkleid ist nun beinahe vollständig entwickelt, und lediglich der noch dunkle Schnabel unterscheidet sie von erwachsenen Artgenossen. Sie beginnen mit den ersten Flugübungen – zunächst noch mit unbeholfenen Flügelschlägen, dann jedoch eifriger, begleitet von kleinen Sprüngen. Schließlich verläßt der Mutigste zum ersten Mal wirklich das Nest, oft unbeabsichtigt als Folge gar zu heftiger Flugversuche; mit noch unsicheren Flügelschlägen wird der erste Rundflug durchgeführt, der meist auch wieder am Horst endet, wo der Abenteurer von seinen Geschwistern schnabelklappernd empfangen wird. Nicht selten führt der Jungfernflug zu einer Notlandung – entweder am Boden oder aber auf ei-

nem anderen Storchennest, wo die Besitzer dem Ankömmling meist einen recht unfreundlichen Empfang bereiten und ihn bald wieder vertreiben. Gelegentlich kommt es jedoch auch vor, daß solcher Familienzuwachs von den „Adoptiveltern" einige Tage lang mitgefüttert wird.

Im Alter von etwa 8–9 Wochen sind schließlich alle Jungstörche flügge. Sie begleiten ihre Eltern jetzt bei der Nahrungssuche, werden jedoch häufig noch immer am Horst gefüttert, zu dem sie auch zum Übernachten weiterhin zurückkehren. Während der Ausflüge mit den Eltern lernen die Jungstörche, Beutetiere von ungenießbaren Gegenständen zu unterscheiden und üben sich in der Technik der Nahrungsjagd.

Im Alter von etwa 3 Monaten können sie sich schließlich ganz selbständig ernähren. Sie sind nun unabhängig von ihren Eltern, finden sich mit anderen Jungstörchen zu kleinen Trupps zusammen und bereiten sich auf den Zug, die lange Reise in die afrikanischen Winterquartiere vor.

16 Wochen dauert es also von der Ablage des ersten Eies bis zur Auflösung der Familie; praktisch der gesamte Zeitraum der Anwesenheit der Störche in Europa ist durch das Brutgeschehen ausgefüllt. Es leuchtet ein, daß aus diesem Grund Spätheimkehrer, Störche, die wegen Nahrungsmangels im Winterquartier oder aufgrund ungünstiger Witterungsverhältnisse verspätet in die Brutgebiete zurückkehren, nur geringe Chancen haben, erfolgreich Junge aufzuziehen. In „Störungsjahren", in denen ein großer Prozentsatz aller Störche verspätet heimkehrt, ist der Bruterfolg deshalb insgesamt gering oder fällt zuweilen sogar ganz aus.

Schon tagelang vorm Ausfliegen trainieren die Jungstörche auf dem Nest mit ungeduldigen Flügelschlägen ihre Flugmuskulatur

*Im Spätsommer
sammeln sich die
Störche in Trupps
für den Abflug in
die afrikanischen
Winterquartiere*

Storchenzug
und Überwinterung

Anfang August packt die Störche das Reisefieber. Die Jungvögel unternehmen immer weitere Ausflüge in die Umgebung des Nestes. Eines Tages sind sie verschwunden, und wenig später folgen ihnen die Altvögel.

Noch im 13. Jahrhundert vermutete ALBERT MAGNUS, die Störche würden den Winter im Wasser verschlafen. In Schriften aus dem 16. Jahrhundert wird der Storch erstmals als ein „Wandergeselle" bezeichnet, der in fernen Ländern den Winter verbringe.

Immer schon verspürten die Menschen den Wunsch, mehr über die Wanderungen des Weißstorchs zu erfahren. Mit vielerlei verschiedenen Methoden, Glöckchen am Hals, farbigen Bändern usw. wurden bereits im 17. Jahrhundert Störche gekennzeichnet, um sie nach ihrer Rückkehr im Frühjahr wiedererkennen zu können. Erste Rückmeldungen wurden im 19. Jahrhundert bekannt; so entdeckte man 1843 einen in Südholland markierten Storch im südlichen Frankreich wieder, und ein Storch aus Berka an der Werra wurde 1880 in Spanien gefunden.

Die Erforschung der Zugwege

Ende des 19. Jahrhunderts begann der Lehrer H.C.C. MORTENSEN, Störche in größerer Zahl zu beringen. Er leitete damit die wissenschaftliche Vogelberingung ein, eine Aufgabe, die inzwischen von den Vogelwarten und ihren ehrenamtlichen Mitarbeitern wahrgenommen wird. Seitdem wurden mehr als 150 000 Störche beringt, und viele Tausend Rückmeldungen und Ablesungen sind alleine im Computer der Vogelwarte Helgoland registriert. Durch wiederholtes Wiederauffinden beringter Störche ist ein ausführliches Bild der Zugrouten und Winterquartiere Adebars entstanden. Aber auch wertvolle Informationen über Verluste, Todesursachen, Höchstalter, Orts- und Paartreue und andere Aspekte haben wir durch sie erhalten. Die Beringung birgt jedoch auch Gefahren für Adebar. Vor wenigen Jahren mußte ich während einer Forschungsreise im südlichen Afrika feststellen, daß beringte Stör-

che, vor allem solche, bei denen der Ring oberhalb des „Knies", des Intertarsalgelenks, angebracht war, in den Winterquartieren Opfer ihrer „körpereigenen Klimaanlage" wurden: Wenn es sehr heiß ist, setzen Störche bis zu zweimal pro Minute flüssigen Kot, Harnsäure, auf ihre Beine ab. Durch die Verdunstung der Flüssigkeit wird das Blut, das dicht unter der Beinhaut durch ein enges Netz von Äderchen in den Körper zurückfließt, abgekühlt. Bei beringten Störchen kann dieses überlebensnotwendige „Beinkoten" fatale Folgen haben: die Harnsäure läuft zwischen Bein und Ring, trocknet dort ein und kann schließlich eine betonharte Manschette bilden, die die Durchblutung des Beins behindert. Die betroffenen Störche können bald nicht mehr laufen und verhungern schließlich oder sterben an Infektionen.

Doch damit nicht genug. Die Beringung birgt noch weitere Gefahren. Ringe, die nicht exakt rund geschlossen wurden, können sich verkanten und dadurch das Bein verletzen, Schmutz kann sich an den Ringen sammeln und die Vögel behindern, und die Störche können mit den Ringen an irgendwelchen Hindernissen, z. B. Stacheldrahtzäunen, hängenbleiben. Der Storchenforscher R. LÖHMER stellte eine lange Liste solcher und ähnlicher Unfallursachen zusammen. Um diese Verluste in Zukunft zu verhindern, wurde die Weißstorch-Beringung in einigen Ländern Westeuropas eingestellt.

Beringung – eine wichtige Hilfe in der Storchenforschung,

aber Ringe können auch schwere Verletzungen verursachen

Auf dem Weg in die Westafrikanischen Winterquartiere ist ein Trupp von Störchen in der Sahara gelandet

Mit der Weiterentwicklung der Technik stehen inzwischen Forschungsmethoden zur Verfügung, die es erlauben, den Zug der Störche und anderer Vogelarten zu erforschen, ohne eine große Anzahl von Individuen zu gefährden. Mit Radargeräten ist es mittlerweile möglich, den Vogelzug selbst in der Nacht unmittelbar zu verfolgen; Details über den Storchenzug entlang der Schwarzmeerküste wurden in den letzten Jahren auf diese Weise ermittelt. Das Non-plus-ultra in der Vogelzugforschung ist die Satellitentelemetrie. Sender, leichter als 100 g, die einem Storch wie ein Rucksack auf den Rücken gebunden werden, übermitteln den Forschern über einen Satelliten mehrere Male täglich die Position des Vogels. Die Wanderungen eines so markierten Storches können dadurch kontinuierlich von Europa bis in die abgelegensten Regionen Afrikas verfolgt werden. An der Vogelwarte Radolfzell am Bodensee, wo ein solches Vorhaben derzeit vorbereitet wird, ist man optimistisch, mit Hilfe dieser Methode unser Wissen über den Weißstorchzug bald vervollständigen zu können.

Wanderer zwischen Kontinenten

Die Karte der Zugrouten des Weißstorchs, zusammengesetzt aus Hunderten einzelner Ringrückmeldungen, zeigt, daß die Störche auf ihrer Wanderung in die Winterquartiere das Mittelmeer auf zwei Zugrouten strikt umfliegen. Die sogenannte „Zugscheide", eine imaginäre Linie, trennt die Populationen in Ost- und Westzieher. Sie verläuft von Holland zum Südwestfuß des Harzes und von dort nach Bayern bis zum Alpenfuß. Störche, die südlich und westlich dieser Zugscheide brüten, ziehen über die Westroute, die Vögel nördlich und östlich der Linie benutzen die östliche Zugroute. Zu beiden Seiten der Zugscheide existiert ein mehr oder weniger breites „Zugscheiden-Mischgebiet", aus dem Störche in wechselnder Häufigkeit in beide Richtungen abziehen können.

Die Westzieher überqueren, um Afrika zu erreichen, die Straße von Gibraltar. Insgesamt etwa 35.000 Weißstörche erreichen auf diesem Weg Afrika; die meisten dieser Vögel sind in Spanien und Portugal Zuhause, nur wenige kommen aus Frankreich, der Schweiz, Deutschland und anderen Ländern Nordwesteuropas. Durch Marokko gelangen die Westzieher nach

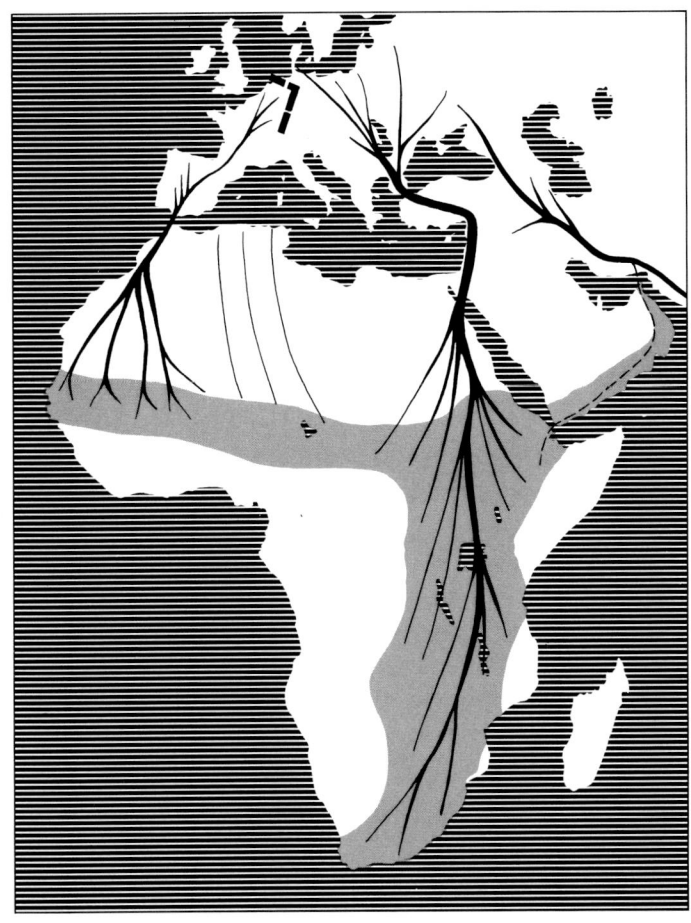

schwenken nach Süden, um der Mittelmeerküste durch den Libanon und Israel zu folgen; sie überqueren die Sinai-Halbinsel und den Golf von Suez und erreichen den afrikanischen Kontinent in Ägypten. Nahe Hurghada am Golf von Suez werden regelmäßig gewaltige Scharen von Störchen beobachtet; der größte bisher beobachtete Trupp umfaßte mehr als 100.000 Vögel. Entlang des Niltals ziehen die Störche weiter nach Süden, wobei die große Nilschleife bei Dongola im Nordsudan „abgeschnitten" und die Nubische Wüste überflogen wird. Schließlich erreichen die Vögel die Savannen im östlichen Sudan, wo sie eine etwa 3wöchige Zwischenrast einlegen. Mit vollen Mägen, gestärkt für die weitere Reise, setzen sie dann ihre Wanderung in breiter Front fort, um die Wintermonate im östlichen oder südlichen Afrika zu verbringen.

Ornithologen zählten in Israel, wo sich der Zug der Oststörche auf einer Breite von nur wenigen zig Kilometern konzentriert, im Frühjahr 1984 etwa 345.000 ziehende Weißstörche. Sie schätzten die Gesamtzahl der Durchzügler auf mehr als 400.000 Individuen. Die Massierung der herrlichen Großvögel an einigen „Zugengpässen" ist ein beeindruckendes Schauspiel.

Flugzeugpiloten mögen anderer Meinung sein; in Israel verlor die Luftwaffe mehrere Flugzeuge durch Kollissionen mit ziehenden Störchen und Greifvögeln. Erst, nachdem Y. LESHEM, ein israelischer Biologe, den Weißstörchen jahrelang mit einem Ultraleichtflugzeug nachgereist war und zusammen mit seinen Mitarbeitern den genauen Verlauf der Zugstraßen festgelegt und ein zuverlässiges Vorhersagesystem für den Storchenzug entwickelt hatte, konnten solche Verluste verhindert werden. Weißstörche legen während des Zuges täglich durchschnittlich 150–200 km, maximal etwa 300 km, zurück. Ihre durchschnittliche Fluggeschwindigkeit beträgt ca. 50 km/h. Von Europa bis ins südliche Afrika sind sie etwa 2 Monate unterwegs. Der Rückweg, der auf der fast gleichen Route erfolgt, geht schneller vonstatten; angesichts der bevorstehenden Brutsaison brauchen die Vögel nur etwa 6 Wochen.

Mauretanien, überfliegen die Wüstengebiete der westlichen Sahara und erreichen schließlich ihre Überwinterungsgebiete in den Savannen bzw. in der Sahelzone südlich der Sahara zwischen Senegal und Kamerun. Ihre wichtigsten Winterquartiere sind das Senegaltal und -delta, das Niger-Binnendelta in Mali und das Tschadbecken in Niger und Nigeria. Auch die in Nordafrika brütenden Weißstörche überwintern in Westafrika. Marokkanische Brutvögel überqueren entweder die westliche Sahara zusammen mit den europäischen Störchen, oder sie orientieren sich mehr nach Osten und überfliegen die zentrale Sahara zusammen mit den algerischen Brutvögeln. Die Störche Tunesiens folgen der gleichen Route oder aber gelangen entlang des Grenzbereichs Algerien-Libyen direkt zum Tschadsee. Etwa 10 000 Störche halten sich während der Wintermonate im subsaharischen Westafrika auf.

Die überwältigende Mehrzahl aller Störche gehört zu den „Ostziehern". Sie erreichen in Bulgarien das Schwarze Meer und folgen seiner Küstenlinie nach Süden zum Bosporus. In gewaltigen Trupps überfliegen sie in schmaler Front die Meerenge des Bosporus, überqueren nahe Adana den Golf von Iskenderun und

Segler im Aufwind

Nur vereinzelte Störche geraten von den beschriebenen Hauptrouten ab, gelangen nach Sizilien und überqueren von dort aus das Mittelmeer, um am Kap Bon in Tunesien Afrika zu erreichen. Warum der Umweg um das Mittelmeer, wenn es schnellere Möglichkeiten gäbe, die afrikanischen Winterquartiere zu erreichen? Die gewaltigen Entfernungen – bis nach Südafrika sind es immerhin 10 000 km – können die Störche nur im Segelflug zurücklegen. Sie lassen sich von warmen Aufwinden, die sie mit ihren 2 Meter klafternden Flügeln einfangen, im kreisenden Segelflug bis in Höhen von weit über 1 000 m tragen.

Ein Trupp von Hunderten oder gar Tausenden auffliegender Störche in der afrikanischen Savanne bietet ein erregendes Schauspiel. Mit kräftigen Flügelschlägen erheben sich die Vögel vom Boden, fliegen scheinbar ziellos im Umkreis von einigen hundert Metern umher, finden schließlich eine Thermik und beginnen, mit reglos ausgebreiteten Flügeln, kreisend aufzusteigen. Immer mehr Vögel geraten in den Aufwind, und eine lebende Säule von Störchen segelt über der hitzeflimmernden Landschaft. In großer Höhe, fast schon außerhalb Sichtweite, verlassen dann die ersten Störche die Thermik, und im flachen Gleitflug entfernen sie sich, langsam an Höhe verlierend, über viele Kilometer. Sie erreichen dabei Spitzengeschwindigkeiten von mehr als 100 km/h. Weitere Vögel folgen, und nach kurzer Zeit scheint es, als habe der Himmel die Vögel verschlungen. Weit entfernt finden sie dicht über dem Boden die nächste Thermik und das Schauspiel wiederholt sich.

Der größte Teil des Zugweges wird mit dieser Segelflug-Technik zurückgelegt. Da Thermiken sich nur in der Hitze des Tages ausbilden, müssen Weißstörche

nachts rasten; sowie die Sonne untergegangen ist, fliegen sie mit schwerfällig rudernden Flügelschlägen zu einem sicheren Schlafplatz, wo sie die Nacht verbringen, um die Reise am nächsten Morgen fortzusetzen. Thermiken können nur dort entstehen, wo die Sonne das Land stark genug aufwärmt, um die Luftmassen zum Aufsteigen zu bringen. Über dem Meer, wo ununterbrochen kühles Wasser an die Oberfläche gelangt, bilden sich keine Aufwinde. Große Wasserflächen sind deshalb ein fast unüberwindbares Hindernis für die ziehenden Störche. Das Mittelmeer wird dort überflogen, wo Europa und Afrika bzw. Asien am dichtesten zusammengerückt sind, eben an der Straße von Gibraltar und am Bosporus. Selbst beim Überqueren relativ kleiner Wasserflächen, z. B. des Golfes von

Iskenderun und des Golfes von Suez, geraten die Störche in Bedrängnis. Dicht über dem Wasser fliegen sie mit schweren Flügelschlägen der Küste entgegen, und bei ungünstigem Wetter stürzen nicht selten viele der Vögel ins Wasser und ertrinken.

Ein Beobachter beschreibt die Ankunft eines Trupps von Weißstörchen an der ägyptischen Küste des Golfs von Suez folgendermaßen: „Einige Störche erreichten die Küste nicht mehr. Sie kamen zu dicht an die Wellenkämme und stürzten in der Nähe der Küste ins Meer.... einer fiel etwa über dem Steilabfall des der Küste vorgelagerten Korallen-Saumriffs ins Wasser und wurde kurz danach, während er noch mit den Flügeln schlug, von einem etwa 1.80 m langen Hai gepackt, geschüttelt und hinuntergezogen".

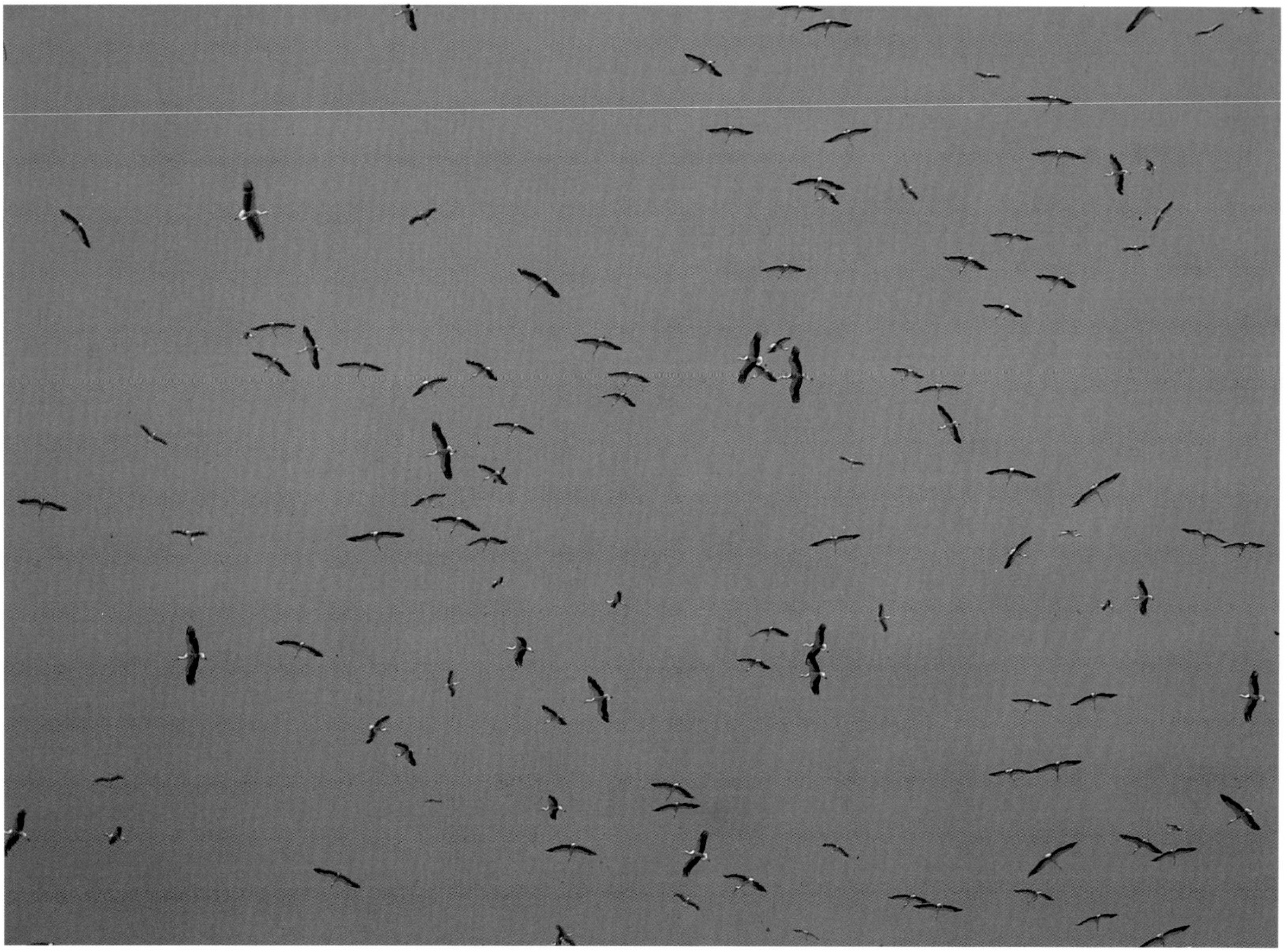

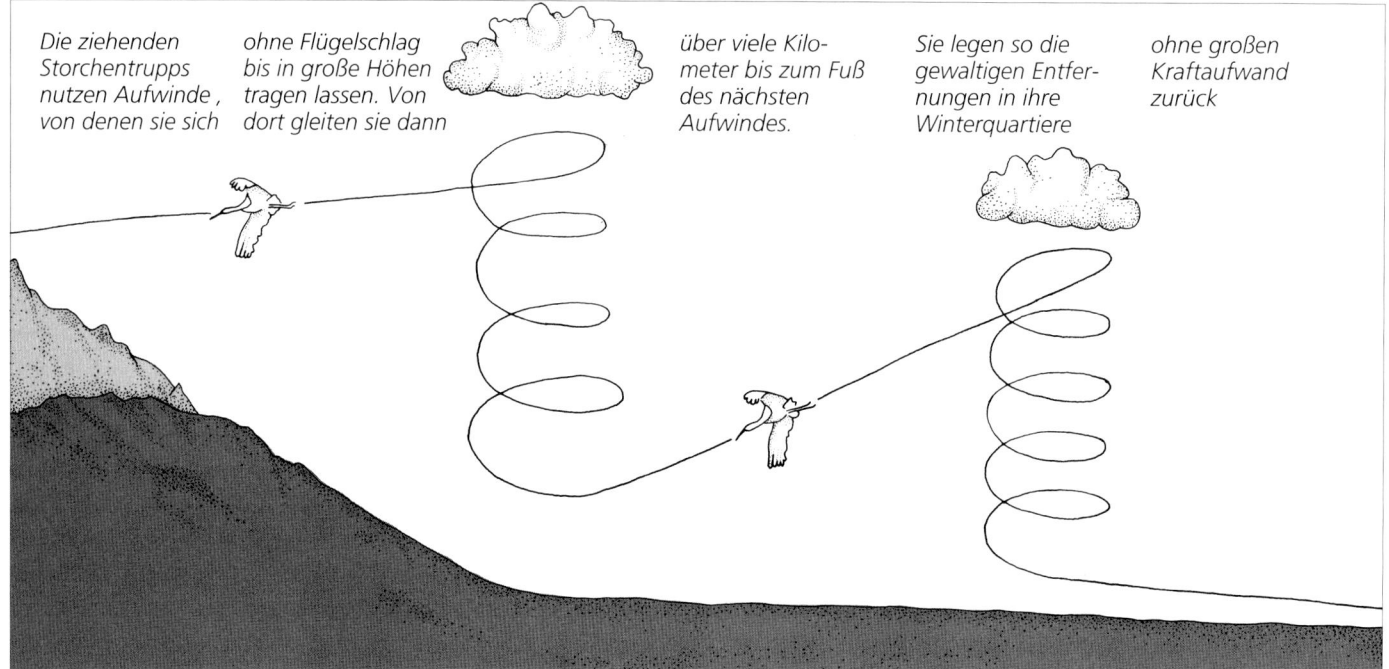

Die ziehenden Storchentrupps nutzen Aufwinde , von denen sie sich ohne Flügelschlag bis in große Höhen tragen lassen. Von dort gleiten sie dann über viele Kilometer bis zum Fuß des nächsten Aufwindes. Sie legen so die gewaltigen Entfernungen in ihre Winterquartiere ohne großen Kraftaufwand zurück

Winterquartiere – die Savannen Afrikas

In den Steppen und Savannen Afrikas endet der Zug der Störche. In Ostafrika sind während der Wintermonate größere Storchentrupps zwischen Gnus, Giraffen und Elefanten kein ungewöhnliches Bild. Nur dort jedoch, wo ausreichend Nahrung vorhanden ist, verweilen die Störche über längere Zeit. Während in manchen Jahren die meisten Ostzieher bereits in Kenia und Tansania überwintern, zieht in anderen Jahren ein Großteil der Vögel ins südliche Afrika weiter. Die Wahl der Überwinterungsgebiete wird also durch die Verfügbarkeit von Nahrung bestimmt. Es liegen aber auch vereinzelte Hinweise auf mehrjährige Treue zu einem bestimmten Winterquartier vor; berühmt ist der Storch „Bob", ein Brutvogel aus Schleswig-Holstein, der über zehn Jahre hinweg auf der gleichen Farm in Zimbabwe überwinterte und dort „handzahm" wurde.

Einen reich gedeckten Tisch finden die Störche in Gebieten vor, die von Insektenplagen heimgesucht werden. Nicht umsonst ist Adebar in Afrika als „Heuschreckenvogel" bekannt. Wanderheuschrecken stellten, bevor durch den Einsatz hochwirksamer Insektizide ihre Zahl drastisch reduziert wurde, wahrscheinlich eine der wichtigsten Nahrungsquellen für ziehende Weißstörche dar. Riesige Storchentrupps folgten viele hundert Kilometer weit und über Wochen

Ziehende Störche landen in der afrikanischen Savanne

hinweg wandernden Heuschreckenschwärmen und ernährten sich ausschließlich von diesen Insekten.

Auch der „Afrikanische Heerwurm", eine in Ostafrika oft in Massen auftretende Schmetterlingsraupe, ist eine wichtige Nahrungsressource des Storchs. Im Januar 1987 hielten sich in Tanzania in einem Gebiet von nur 25 km² Ausdehnung etwa 100.000 Weißstörche, also etwa ein Viertel aller Ostzieher, auf, die sich von den gefräßigen Raupen ernährten; zur gleichen Zeit warteten deshalb im südlichen Afrika die Ornithologen vergeblich auf die großen Storchentrupps.

In Südafrika hat in manchen Regionen die Bewässerungslandwirtschaft die Lebensbedingungen für den Weißstorch erheblich verbessert; die Vögel suchen dort bevorzugt Luzernefelder auf und fressen die Raupen des auf den Pflanzen massenhaft vorkommenden „Grünen Luzerneschmetterlings".

Gerne finden sich Störche in Afrika an Buschfeuern ein, laufen dicht hinter der Feuerwalze her und fressen Mäuse, Ratten, Schlangen und andere Beutetiere, die ein Opfer der Flammen wurden. In Feuchtgebieten dagegen wird der Storch auch in Afrika seinem Ruf als „Froschjäger" gerecht. In einem mehr als 2.000 m hoch gelegenen feuchten Hochtal im Königreich Lesotho im südlichen Afrika fand ich im Januar 1987 fast 200 Störche vor; Einheimische berichteten, daß die Vögel alljährlich dort überwintern. Man fragt sich, was die Vögel wohl veranlassen mag, in dieser unwirtlichen, selbst im Südsommer von Stürmen und Kälteeinbrüchen heimgesuchten Gegend zu überwintern. Die Antwort ist einfach: Es ist das reichhaltige Angebot an Amphibien, das die Vögel verlockt, die angenehm warmen, aber trockenen Savannen im umgebenden Tiefland zu verlassen.

Wasser gehört grundsätzlich zur Ausstattung eines geeigneten Weißstorch-Winterquartiers. In den Trockenzonen Afrikas, z. B. im Sudan liegen die Rastgebiete riesiger Weißstorchtrupps deshalb immer dort, wo sich Regenwasser in kleinen Tümpeln gesammelt hat. Während der heißen Mittagsstunden unterbrechen die Vögel die Nahrungssuche, steigen in Thermiken in große Höhe auf und kreisen, bis sie unter sich in der hitzeflimmernden Ebene eine Wasserfläche entdecken. Schnell verlieren sie dann an Höhe, und mit pendelnden Beinen landen sie schließlich im Wasser. Oft rasten und trinken um die Mittagszeit Hunderte oder gar Tausende von Störchen dichtgedrängt in einem solchen flachen Tümpel von nur einem bis wenigen Hektar Fläche.

Gefährdung
und ihre
Ursachen

Schwarze Aussichten für Adebar

Wohl kein anderes Tier ist derart tief in den Traditionen und im Volksglauben des Menschen verankert wie der Weißstorch. Er gilt als Glücksbringer, als Wächter der Häuser, auf denen er brütet, und als Symbol der Fruchtbarkeit. Adebar, Knickebein, Hoier-Boier, Heilebart – fast jede Region Deutschlands hat ihren eigenen Namen für den Weißstorch. Zahlreiche Reime und Kinderlieder zeugen von der Verbundenheit, die bereits unsere Vorfahren dem Storch entgegenbrachten. Wer kennt sie nicht, die Geschichte vom geflügelten Kinderbringer, der die Babys von großen Seerosenblättern aus dem Dorfteich holt und sie als Bündel im Schnabel zu den frischgebackenen Eltern trägt. Nicht nur in Deutschland, auch in anderen Ländern zollt der Mensch Adebar seine Hochachtung. In der Türkei z. B. gilt der Storch als frommer Mekka-Pilger, dem ein gläubiger Muslim nie ein Haar krümmen würde.

Da fällt es schwer, zu glauben, daß gerade dieser so beliebte Vogel in vielen Bereichen seines Verbreitungsgebiets vom Aussterben bedroht sein soll. Zwar wurde im Jahr 1984 der Weltbestand auf noch etwa 130.000 Brutpaare geschätzt. Diese scheinbar hohe Zahl darf jedoch nicht darüber hinwegtäuschen, daß Adebar einer düsteren Zukunft entgegensieht. Fast überall, wo in Mittel- und Westeuropa einstmals Störche zur Landschaft gehörten, sind heute viele Horste verwaist. Der Weißstorch wurde zu einem eindrucksvollen Beispiel für den erschreckenden Verlust von Wildtierarten in unserer Heimat.

Ein einheitliches Bild der Situation des Weißstorchs läßt sich nicht zeichnen. Zu unterschiedlich verläuft die Bestandsentwicklung in den verschiedenen Gebieten. In Europa zeichnet sich deutlich ein Gefälle von Ost nach West ab. So blieben zwar in einigen Ländern im Bereich der Ostzieher die Bestände stabil, wie in Polen, wo noch immer etwa 30.000 Weißstorchpaare brüten. Regional, in Estland, Weißrußland und der Ukraine, nahm die Zahl der Brutpaare sogar zu. Die Situation der Westzieher dagegen stellt sich fast überall katastrophal dar – mit besonders dramatischen Bestandseinbrüchen bei den nordwesteuropäischen Populationen. G. RHEINWALD, der den Versuch unternahm, durch Hochrechnungen aus den bis 1985 vorliegenden Bestandszahlen die Tendenz der Bestandsentwicklung beim Weißstorch mit Zahlen zu untermauern, kam zu dem Ergebnis, daß die heutigen Bestände im Osten nur noch etwa die Hälfte der Bestände von vor 50 Jahren betragen, und daß sie im Westen im gleichen Zeitraum sogar auf ein Viertel zurückgingen. Aus einer Reihe von Ländern Westeuropas ist der Weißstorch während der letzten 100 Jahre als wildlebender Brutvogel vollkommen verschwunden, so z. B. aus Belgien, der Schweiz und Schweden. Nur eine Handvoll von Brutpaaren überlebte in Dänemark, Frankreich und den Niederlanden. In Nordafrika brüteten 1984 schätzungsweise 30.000 Weißstorchpaare. Die Tendenz auch dort: stark abnehmend.

Deutschland, gelegen an der nordwestlichen Verbreitungsgrenze des Weißstorchs, ist eines der Länder, in denen sich das düstere Schicksal Adebars besonders deutlich abzeichnet. Erste zuverlässige Zahlen liegen aus dem Jahr 1934 vor. Etwa 9.000 Paare brüteten damals im Gebiet der heutigen Bundesrepublik. Nur noch ein Drittel, nämlich 3.225 Paare, waren es 1991. Auch in Deutschland spiegelt sich das Ost-West-Gefälle der Bestandsentwicklung wider. Im Gebiet der westlichen, „alten" Bundesländer ging der Bestand von etwa 4.400 Paaren im Jahr 1934 auf 585 Paare im Jahr 1991 zurück – also um fast 90% in 60 Jahren! Hält der gegenwärtige Trend an – und alle Statistiken deuten darauf hin – dann steht zu befürchten, daß Adebar etwa im Jahr 2000 aus dem westlichen Deutschland verschwunden sein könnte. Das Schicksal der deutschen Westzieher scheint bereits besiegelt. Die wenigen wildlebenden Brutpaare in Nordrhein-Westfalen, Hessen und Baden-Württemberg haben, langfristig gesehen, kaum eine Chance zu überleben.

Anders stellt sich die Situation in den ostdeutschen Bundesländern dar. Zwar sind auch dort die Bestände während der vergangenen 60 Jahre um fast die Hälfte geschrumpft, zwar zeichnet sich weiterhin ein deutlicher Rückgang ab, doch noch gibt es Gebiete, in denen Adebar sich behaupten kann. In Rühstädt an der Elbe brüteten 1992 noch 22 Weißstorchpaare, 15 waren es im gleichen Jahr in Linum, einem kleinen Dorf nicht weit entfernt von Berlin. Die etwa 2.640 Brutpaare, die heute noch in Deutschland östlich der Elbe brüten, könnten der Grundstock für eine Zukunft des Weißstorchs in unserer Heimat sein.

Ein eindrucksvolles Beispiel für das Schicksal Adebars bietet das Bundesland Schleswig-Holstein. Im Jahr 1907 wurde dort erstmals eine landesweite „Volkszählung" des Weißstorchs durchgeführt. 2.670 Brutpaare wurden damals noch gezählt. Seit Anfang der 40er Jahre zeigt der Trend steil abwärts – ungebrochen bis heute. Nur noch 7% des Bestandes vom Beginn dieses Jahrhunderts, nämlich 192 Paare, brüteten 1992 in Schleswig-Holstein.

„Willkommen im Storchenparadies" steht auf der Tafel am Ortseingang von Bergenhusen. In der ersten Hälfte unseres Jahrhunderts war das Dorf im Herzen Schleswig-Holsteins tatsächlich ein „Storchenparadies". Wie eine Insel inmitten der Niederung der Flüsse Eider, Treene und Sorge gelegen, bot Bergenhusen den Störchen alles, was sie zum Überleben benötigten: dorfnahes Feuchtgrünland, extensiv genutzte Weiden und Wiesen und sichere Nistplätze. Bis zu 60 Weißstorchpaare brüteten dort bis zum Ende der 30er Jahre. Mehr als 100 Jungvögel wurden allein 1939 in Bergenhusen

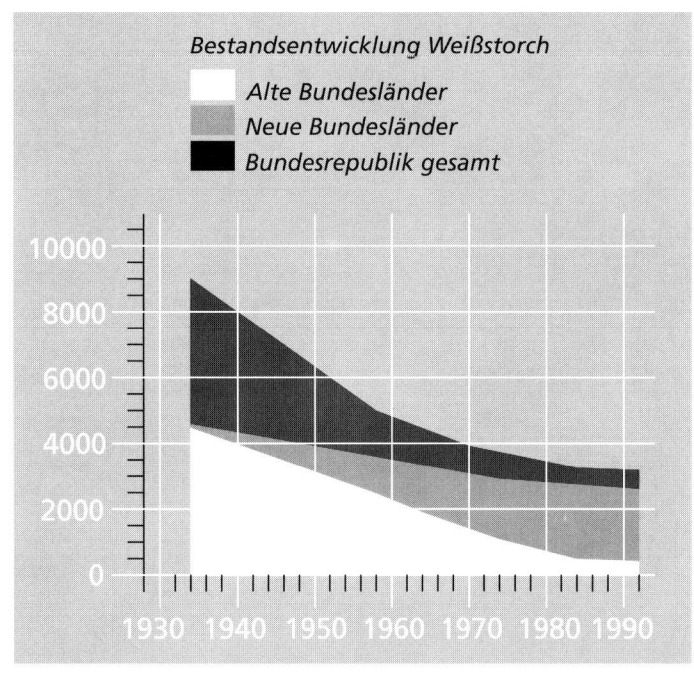

erfolgreich aufgezogen! Die älteren Bewohner erzählen gerne von diesen Jahren, in denen Störche das Bild des Dorfes prägten. Ein nichtendenwollendes Klapperkonzert begleitete allabendlich den Einbruch der Dunkelheit, und wenn ein Bauer die Wiesen mähte, folgten ihm nicht selten 30, 40 oder mehr Störche, um Nahrung zu erbeuten.

Als der Tierfilmer H. SIELMANN im Jahr 1959 im schleswig-holsteinischen „Storchendorf" seinen berühmten Weißstorchfilm drehte, fand er dort noch 34 Paare der stolzen Vögel vor. Aber auch Bergenhusen blieb vom allgemeinen Trend nicht verschont. Ein kümmerlicher Rest von nur 7 wildlebenden Storchenpaaren zog 1992 seine Jungen auf, neben 3 freifliegenden Paaren aus der im Dorf gelegenen Storchenpflegestation des Naturschutzbundes Deutschland. Bergenhusen dokumentiert damit wohl deutlicher als irgendein anderer Ort, daß Adebar inzwischen auch seine letzten Hochburgen aufgeben muß.

Rückgangsursachen

Was sind die Ursachen für die katastrophale Bestandsentwicklung des Weißstorchs? Wie ist es möglich, daß ein Tier, dem niemand in Europa Böses will, heute gerade bei uns so hochgradig gefährdet ist? Die einfachste Antwort deutete, wie so oft, auf Ursachen weit weg von uns: Über Jahre hinweg waren Storchenschützer davon überzeugt, daß in erster Linie die Verfolgung von Störchen entlang der Zugrouten und in den Winterquartieren die Bestände dezimierte und so den Einbruch der Storchenpopulationen herbeiführte.

Neuere wissenschaftliche Untersuchungen führen uns nun vor Augen: Wenn wir die Ursachen für die Gefährdung Adebars ergründen wollen, dann müssen wir uns zuerst an die eigene Nase fassen. Gefahren für den Storch gibt es sowohl in den Brutgebieten als auch in den Winterquartieren. Die Auswirkungen der jeweiligen Faktoren stellen sich jedoch für die Ost- und Westzieher verschieden dar. Die Ostzieher, denen die Mehrzahl aller Weißstörche zuzurechnen ist, finden in den Überwinterungsgebieten relativ gute Bedingungen vor. Ihre Bestandssituation ist in hohem Maße von Gefährdungsfaktoren im Brutgebiet abhängig. Nur so lassen sich die drastischen Unterschiede in den Bestandstrends der verschiedenen Populationen der Ostzieher erklären, die alle in den gleichen Regionen Afrikas überwintern. Für die Westzieher dagegen, die überall stark im Rückgang begriffen sind, spielen neben Faktoren im Brutgebiet offenbar Gefährdungen in den Winterquartieren eine wichtige Rolle.

Landwirtschaft contra Weißstorch

Seit den frühen 50er Jahren hat in Europa, insbesondere in den EG-Staaten, die Landwirtschaft eine Entwicklung durchlaufen, die den Naturhaushalt in vielen Bereichen Europas gravierend beeinflußt. Durch den Einsatz immer neuer Technologien konnten plötzlich große Flächen urbar gemacht werden, deren intensive Nutzung vormals keinem Landwirt in den Sinn gekommen wäre. Besonders betroffen waren feuchte Niederungsgebiete, diejenigen Ökosysteme also, in denen in Mittel- und Westeuropa die Verbreitungsschwerpunkte Adebars lagen. Durch raffinierte wasserbauliche Maßnahmen wurden feuchte Wiesen und Weiden trockengelegt und einer intensiven Grünlandwirtschaft zugänglich gemacht. Flüsse und Bäche wurden in ein enges Korsett aus Deichen gezwängt und die Dynamik der Wasserstände auf benachbarten Grünlandbereichen unterbunden. In fast allen Auen und Flußniederungen unterbleiben seitdem die periodischen Überflutungen, die ehemals den besonderen Charakter dieser Landschaften ausmachten. Tümpel wurden verfüllt, Bachläufe begradigt und einbetoniert. Dort, wo einst natürliche Ökosysteme einer Vielzahl von typischen Tier- und Pflanzenarten eine Heimstatt boten, prägt heute das Einheitsgrün saftiger Kulturgräser die Landschaft. Dem naturentwöhnten Stadtbewohner mögen solche Grasäcker wie das Paradies auf Erden erscheinen. Der aufmerksame Beobachter jedoch stellt bald fest, daß dort die Natur auf der Strecke bleibt. Industriemäßig begüllt, gedüngt, gewalzt, geschleppt und mit hohen Viehdichten besetzt oder mehrmals im Jahr gemäht, bieten die intensiv bewirtschafteten Grünlandflächen zwar die ideale Voraussetzung für die Produktion enormer Milchmengen durch Tausende hochgezüchteter Kühe. Frösche und Kröten jedoch, Schlangen und andere Tiere, die die Nahrungsgrundlage des Weißstorchs bilden, sind zusammen mit den für sie unverzichtbaren Lebensbedingungen verschwunden. Vielerorts wird ehemaliges Feuchtgrünland gar in sterile Maisäcker umgewandelt und dient als Deponie für die in Schweinemastbetrieben übermäßig anfallende Gülle. „Schädlings"bekämpfungsmittel, die in großer Menge angewandt werden, tun ein übriges; die wenigen Nahrungstiere, die in den zerstörten Lebensräumen überleben konnten, fallen der chemischen Keule zum Opfer.

Und der Weißstorch? Was tut er, während im Horst auf dem Dach des renovierten Bauernhofes gerade die Jungen aus den Eiern geschlüpft sind? Er schreitet unermüdlich die Wiesen und Weiden ab, sucht entlang eutrophierter Entwässerungsgräben und kanalisierter Bachläufe nach Fröschen und Insekten und hat trotzdem oft keinen Erfolg. Dort, wo es keine Beute mehr gibt, bleibt eben auch dem geschicktesten Jäger das Jagdglück verwehrt. Die Regenwürmer, wichtigste Nahrung für die neugeborenen Jungen, sitzen tief unten im Boden, unerreichbar für den Schnabel des Storches, weil die obere Bodenschicht ausgetrocknet ist oder beißende Gülle sie vertrieben hat.

*Entwässerungs-
gräben und
Drainageröhren –
das Ende für viele
Feuchtwiesen*

*Übermäßige
Düngung mit Gülle
verändert Flora und
Bodenfauna
ökologisch wertvol-
ler Grünlandgebiete*

Der Mangel an Beute leitet einen fatalen Kreislauf ein: Die jüngeren Küken, die weniger stürmisch als ihre stärkeren Geschwister nach Nahrung betteln, bekommen von dem knapp bemessenen Futter nichts ab. Sie werden täglich schwächer, sind schließlich zu erschöpft zum Betteln und verhungern. Wenn die Futterversorgung sehr schlecht ist, dann geraten auch die Überlebenden in eine schlechte körperliche Verfassung. Ungünstigen Witterungsverhältnissen können sie nicht im gleichen Maße widerstehen wie starke, gesunde Jungvögel. Tage mit starken Regenfällen und Kälteeinbrüchen werden dann leicht auch ihnen zum Schicksal. In solchen Situationen kann es zum Ausfall aller Bruten des betroffenen Gebietes kommen.

Sinkt die Jungenzahl langfristig unter einen kritischen Wert – vermutlich liegt der bei etwa 2 Jungen pro Brutpaar – dann nimmt der Weißstorchbestand ab, da die natürliche Verlustrate nicht durch Jungvögel ausgeglichen wird. In letzter Konsequenz hat dieser Prozeß schließlich den Zusammenbruch ganzer Populationen zur Folge.

Der Mensch, der mit der Rodung der Wälder dem Weißstorch einst das Leben in Westeuropa erst ermöglicht hat, nimmt ihm diesen Lebensraum heute wieder weg – durch eine ausschließlich an wirtschaftlichen Gesichtspunkten orientierte Landnutzung, die alle ökologischen Gesetzmäßigkeiten ignoriert. Wo früher die Bauern durch eine nachhaltige Nutzung ihrer Flächen die Existenzgrundlage auch für kommende Generationen erhielten, dort wird das Land heute durch eine auf kurzfristige Gewinne ausgerichtete Wirtschaftsweise zerstört. Untersuchungen belegen, daß die moderne Landwirtschaft in Mitteleuropa der Hauptverursacher für den Rückgang von Tier- und Pflanzenarten ist. So ist die Landwirtschaft an der Gefährdung von 513 der 711 Gefäßpflanzenarten der Roten Liste unmittelbar beteiligt.

Liegt der schwarze Peter also bei den Bauern, die ohnehin vielerorts um ihre Existenz bangen? Wohl kaum, denn unter den gegenwärtigen Verhältnissen

bleibt ihnen meist keine andere Wahl. Es ist eine verfehlte Agrarpolitik, vor allem in den Ländern der EG, die die Landwirte, wollen sie wirtschaftlich überleben, zwingt, das Land immer intensiver zu nutzen. Die dadurch produzierten Überschüsse müssen dann für teures Geld wieder abgebaut oder gelagert werden.

Was manch einer in unseren westlichen Industrienationen überheblich belächelt, nämlich die geringere „Effizienz" der Landwirtschaft in den Ländern Osteuropas, das garantiert dort dem Weißstorch das Überleben. Der Zusammenhang zwischen Landwirtschaft und Situation des Weißstorchs zeigt sich deutlich sogar entlang der ehemaligen innerdeutschen Grenze. So ist z. B. im westlichen Drömling in Niedersachsen der Weißstorchbestand auf wenige Reliktpaar geschrumpft, während im direkt benachbarten Ostdrömling in Sachsen-Anhalt die Zahl der Brutpaare relativ stabil blieb. Es wäre nun falsch, daraus zu schließen, daß die Landwirtschaft in der ehemaligen DDR umweltverträglicher war als im Westen Deutschlands. Sie wurde aber weniger flächendeckend betrieben. Im marktwirtschaftlich orientierten Westen reizt jeder Landwirt seine begrenzten Flächen bis auf den letzten Quadratmeter aus. Die Planwirtschaft im Osten erforderte zwar riesige Flächen gleicher Bewirtschaftungsweise, aber Gebiete, die aufgrund ungeeigneter Landschaftsstruktur die Schaffung großer maschinengerechter Parzellen erschwerten, wurden häufig ausgespart und unterlagen höchstens einer extensiven, kleinstbäuerlichen Wirtschaftsweise. Feuchtwiesen, Tümpel, Sümpfe und

*Die Verdrahtung
unserer Landschaft
mit Freileitungen
wird zur Todesfalle
für viele Weißstörche*

*Durch Verbauung
und Industrialisie-
rung wird der
Lebensraum
Adebars zuneh-
mend beschnitten*

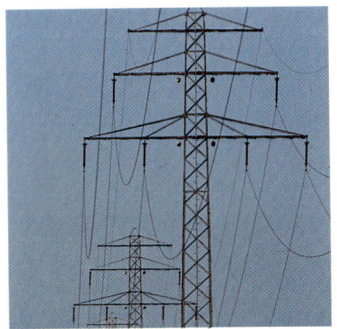

Moore gehörten zu diesen Rückzugsgebieten für die Natur – und blieben in der ehemaligen DDR dem Weißstorch dadurch als Lebensraum bis jetzt erhalten. Die Zukunft Adebars im wiedervereinigten Deutschland wird nun in hohem Maße davon abhängen, ob es gelingt, Fehlentwicklungen zu verhindern, die im Westen seit Jahrzehnten das Aussterben vieler Tier- und Pflanzenarten eingeleitet haben.

Stromtod – Schicksal vieler Störche

Fast jeder Quadratkilometer Land im westlichen Europa wird heute von Freileitungen durchzogen, die elektrische Energie auch in die abgelegensten Dörfer transportieren. Für den Weißstorch und andere Großvögel werden solche Leitungen zu regelrechten Todesfallen. Die Storchenforscher G. FIEDLER und A. WISSNER stellten fest, daß Unfälle an Freileitungen mit 70% alle anderen bekannten Todesursachen in Europa bei weitem überwiegen. Mit zunehmender Verdrahtung der Landschaft wächst, trotz abnehmender Zahl der Storchenpaare, die Häufigkeit solcher Unfälle: wurden von 1937-67 der Vogelwarte Helgoland noch 251 Fälle gemeldet, so waren es von 1971–79 bereits 335 Totfunde beringter Störche. Da aus vielerlei Gründen immer nur ein Teil der verunglückten Vögel gefunden wird, dürften die tatsächlichen Verluste noch wesentlich höher sein. Betroffen sind vor allem Jungstörche, die nicht selten bereits während der ersten Übungsflüge in der Nähe ihres Nestes verunglücken. Freileitungen gefährden den Weißstorch gleich auf zweierlei Weise: Ein Storch, der auf einem Leitungsmasten steht, ist geerdet. Berührt er ein spannungsführendes Leiterseil, sei es mit dem Schnabel, einem Flügel oder gar dem Kotstrahl, dann erhält er einen gewaltigen Stromschlag, und sein Ruheplatz wird zum elektrischen Stuhl. Mehr als drei Viertel aller Verluste an Freileitungen entfallen auf solche Stromtod-Unfälle. Am gefährlichsten sind Masten von Mittelspannungsleitungen, bei denen die stromführenden Leiterseile an sogenannten Stützisolatoren oberhalb des Querträgers des Mastes verlaufen. Aber auch als mechanische Hindernisse stellen Freileitungen eine tödliche Gefahr dar. Weißstörche sind zwar hervorragende Flieger – die Fähigkeit, einem bei schlechter Sicht plötzlich auftauchenden Hindernis gewandt auszuweichen, fehlt ihnen jedoch. Bei Kollisionen von Störchen mit Freileitungen verletzen sich die Vögel schwer, oder sie kommen sofort zu Tode.

Verluste an Freileitungen erlangen auch in den Rast- und Durchzugsgebieten mehr und mehr Bedeutung. Für viele unserer westziehenden Brutstörche endet die herbstliche Reise nach Süden unter einer Stromleitung in Frankreich oder Spanien. Und am Schwarzen Meer, nahe der Stadt Burgas, verunglücken alljährlich Hunderte nach Ost- und Südafrika ziehende Störche an einer großen Leitung, die dort quer zur Zugrichtung verläuft.

Aber damit nicht genug: Unsere Landschaft verliert täglich weiter ihr Gesicht. Neue Straßen werden gebaut, moderne Gebäude wachsen wie Pilze aus dem Boden, und wie Krebsgeschwüre wuchern Industriekomplexe unaufhaltsam in ehemals wertvolle Ökosysteme. Allerlei Zivilisationsmüll bedroht die Störche; nicht selten erhängen sich Jungvögel an alten Angelschnüren, die ihre Eltern mit Nistmaterial versehentlich zum Nest transportiert haben. Auch die Belastung der Umwelt mit Emmissionen unterschiedlichster Art hat Auswirkungen auf Adebars Bestandsentwicklung. In Eiern und Gewebeproben von Störchen fand man, neben Abbauprodukten hochgiftiger Insektizide, Rückstände polychlorierter Biphenyle, kurz PCBs genannt. Es gibt Hinweise darauf, daß die Rückstände dieser Industriechemikalie möglicherweise erhebliche Auswirkungen auf die Fortpflanzungsfähigkeit des Weißstorchs haben. So stellte der israelische Ornithologe H. MENDELSSOHN fest, daß im Zoo von Tel Aviv Störche, deren Nahrung stark PCB-belastet war, unfruchtbar wurden.

Gefahren im schwarzen Kontinent

Eine Vielzahl von Gefahren birgt auch die alljährliche Wanderung der Störche in die Winterquartiere und der Aufenthalt in Afrika. Spektakuläre Berichte über die Bejagung des Weißstorchs in Afrika und im Mittleren Osten tauchen alljährlich während der „Saure Gurken-Zeit" in den Medien auf. Tatsächlich gibt es einige Länder, in denen der Mensch Adebar massiv nachstellt. Im Libanon, der von den Ostziehern überflogen werden muß, dienen Störche Jägern und Soldaten als lebende Zielscheiben – glaubhaften Berichten zufolge wurden auch in den letzten Jahren noch wiederholt Hunderte oder gar Tausende von Störchen Opfer dieses unsinnigen „Sports". Im Niger-Binnendelta, dem wichtigsten Winterquartier der Westzieher in Mali, werden alljährlich zur Zugzeit Hunderte von Störchen erlegt. Und Mitarbeiter des Internationalen Rats für Vogelschutz (IRV) fanden 1985 im Nordosten Nigerias eine besonders brutale Art der Storchenjagd: Mit vernähten Augen waren am Ufer eines flachen Sees Lockstörche angebunden; um sie herum war der Boden mit Hunderten von Schlingen regelrecht gespickt. Wilde Störche, die bei ihren geblendeten Artgenossen landeten, verfingen sich schnell in den Schlingen. Ihr Fleisch wird gegessen, und ihre Köpfe und andere Körperteile sollen als Fetische allerlei Krankheiten und Unglück abwenden.

1986 entdeckte ich zusammen mit anderen Teilnehmern einer Forschungsexpedition auch im Sudan eine Region, in der Störche in großer Zahl erbeutet werden: Bauern und Hirten fangen dort jährlich etwa 3.000 vom Zug über die Wüste geschwächte Weißstörche mit der bloßen Hand oder erlegen sie mit einem primitiven Bumerang, dem „Safaroque". Originaltext meines Expeditionsberichts: „Wenn ein Trupp von Weißstörchen entdeckt ist, kriecht der Jäger auf Händen und Füßen zwischen den Sorghumpflanzen so dicht wie möglich an einen Vogel heran. Häufig gelingt ihm dabei die Annäherung bis auf etwa 5 m. Dann springt der Jäger laut schreiend blitzschnell auf. Der Storch ist für Sekundenbruchteile vor Schreck gelähmt und wird mit der Hand gegriffen." Die Opfer landen in der Pfanne und bereichern den Speisezettel der dortigen Bevölkerung.

Insgesamt fallen der Verfolgung durch den Menschen nach bisher vorliegenden Informationen jährlich 3-5% aller Weißstörche zum Opfer. Dies mag erschreckend klingen; die drastischen Bestandseinbußen bei den mitteleuropäischen Ostziehern lassen sich dadurch jedoch nicht erklären. Der Zusammenbruch der bereits stark reduzierten Populationen der Westzieher wird allerdings durch die Verfolgung im Winterquartier beschleunigt.

DDT, Dieldrin, Lindan, Aldrin, Fenitrothion und viele andere „Pflanzenschutzmittel" werden in Afrika in unglaublicher Menge eingesetzt und machen den schwarzen Kontinent zu einem Experimentierfeld der chemischen Industrie der „entwickelten" Länder. Eine besondere Gefahr für die Störche stellt die Bekämpfung von Wanderheuschrecken und des „Afrikanischen Heerwurms" dar. Mit dröhnenden Motoren fliegen Spritzflugzeuge in geringer Höhe über die Savannen und entladen dabei ihre giftige Fracht. Nicht selten stehen die Störche während der Spritzaktionen im Sprühnebel und kommen dadurch in direkten Kontakt mit den Chemikalien. Damit aber nicht genug: Als Allesfresser verschmähen Störche auch vergiftete Heuschrecken nicht. Aus Südafrika berichtete L.S. MILSTEIN, daß sich im Januar 1964 auf einer Farm in der Kapprovinz 20.000 Weißstörche versammelt hatten, um totgespritzte Wanderheuschrecken zu fressen.

Im Sudan werden rastende Störche mit der bloßen Hand gefangen – und landen im Kochtopf

Die Mägen und Hälse gesammelter toter Störche enthielten bis zu 1.000 Heuschrecken. Welche Auswirkungen das Fressen solcher Mengen pestizidbelasteter Nahrung auf die betroffenen Tiere hat, ist bisher nicht bekannt. Eines jedoch ist sicher: die verwendeten Chemikalien, allen voran die gefürchteten chlorierten Kohlenwasserstoffe, reichern sich im Fettgewebe der Vögel an. Während des Rückfluges nach Europa werden die im Winterquartier angelegten Fettreserven aufgebraucht, und die gespeicherten Pestizid-Rückstände gelangen in hoher Konzentration in den Stoffkreislauf der Vögel. Möglicherweise führt dies dazu, daß solche Störche während des Heimzuges irgendwo in Afrika verenden, ohne daß die Todesursachen jemals erkannt werden.

Dürreperioden in großen Bereichen Afrikas haben zur Folge, daß die Sahara sich jährlich bis zu 15 km weiter nach Süden ausbreitet. In den Überwinterungsgebieten der Westzieher sind die Auswirkungen der Dürre allgegenwärtig; Störche, die dort den Winter verbringen, finden kaum Nahrung, geschweige denn Wasser. J. H. DALLINGA und M. SCHOENMAKERS, zwei holländische Biologen, haben Klimadaten aus Afrika mit der Bestandsentwicklung und dem Bruterfolg des Weißstorchs in Westeuropa verglichen. Sie kamen zu dem Schluß, daß fehlende oder nur geringe Niederschläge in Westafrika erhebliche Auswirkungen auf die dort überwinternden Störche haben: Höhere Verluste im Winterquartier sind die Folge, die Vögel kommen verspätet in den Brutgebieten an und brüten

mit weniger Erfolg. Die beiden Wissenschaftler führen die Brutbestands-Schwankungen in Niedersachsen seit Anfang der 60er Jahre zu zwei Dritteln auf die wechselnden Nahrungsbedingungen im Winterquartier zurück.

Überweidung beschleunigt fast im gesamten Sahelbereich südlich der Sahara den Vorgang der „Desertifikation". Die rasch anwachsenden Tierherden geben der von der Dürre geschädigten Vegetation den Rest, und mit den Pflanzen verschwinden die Nahrungstiere der Störche – über Tausende von Quadratkilometern. Für die Westzieher stellt die so hervorgerufene Nahrungsknappheit im Winterquartier derzeit die größte Bedrohung während des Zuges dar. Im Gegensatz zu den Ostziehern, die bei Nahrungsmangel in Kenia oder Tansania weiter nach Süden ausweichen können, müssen sich die Westzieher mit dem bescheiden, was Westafrika ihnen bietet; der Gürtel tropischen Regenwaldes, der Westafrika vom südlichen Afrika trennt, ist für sie ein unüberwindbares Hindernis.

Auch Klimakatastrophen fordern gelegentlich viele Opfer. Starke Stürme können große Storchentrupps über das Meer oder die Wüste verdriften, wo die Tiere elendiglich verenden. In Transvaal in Südafrika wurden bei einem schweren Sturm 500 Weißstörche von Hagelkörnern erschlagen; andere Berichte sprechen gar von Tausenden von Opfern. Der „Chamsin", ein heißer, trockener Ostwind, hält gelegentlich in Wüstengebieten Nordafrikas und des Mittleren Osten Störche über lange Zeit am Boden fest – auf der Sinai-Halbinsel sind aus diesem Grund mehrfach hunderte von Störchen verdurstet.

Trotz alledem: Die alljährlich stattfindende Wanderung ist lebensnotwendig. Der Storchenzug entstand während vieler Jahrtausende als eine Verhaltensanpassung an die jahreszeitlich wechselnden klimatischen Verhältnisse in Europa und Afrika. Und mit vielen der Gefahren, denen die ziehenden Störche ausgesetzt sind, mußten sie sich seit eh und je auseinandersetzen, ohne daß dies ihr Fortbestehen gefährdet hätte.

Schutz
und
Hilfe

Eine Chance
für den Storch?

Ist nicht das Schicksal des Weißstorchs bedeutungslos angesichts der enormen Umweltprobleme, denen unsere moderne Welt gegenüber steht? Wie können Naturschützer es verantworten, sich für das Überleben einer einzelnen Vogelart einzusetzen, während Klimakatastrophen die Welt bedrohen, das Ozonloch zu einer beängstigenden Zunahme der Hautkrebserkrankungen führt und wegen der Vergiftung unserer Flüsse das Trinkwasser knapp wird?

Das eine darf das andere nicht ausschließen. Millionen von Jahren benötigte die Natur, um die Tiere und Pflanzen, die heute unseren Planeten bevölkern, zu formen. Ethische Verpflichtungen zwingen uns, alles zu tun, um zu verhindern, daß der Mensch nun diese Lebensformen unwiderbringlich vernichtet.

Aber es gibt noch wichtigere Argumente für den Schutz Adebars. Der Weißstorch ist Teil eines Ökosystems, in dem Tiere, Pflanzen, Erde, Wasser und auch der Mensch auf vielfache Weise miteinander verflochten und voneinander abhängig sind. Das Verschwinden des Weißstorchs ist ein alarmierendes Signal für den Zerfall dieser Lebensgemeinschaft. Wissenschaftler sprechen in diesem Zusammenhang von der Indikatorfunktion des Weißstorchs und anderer Wirbeltiere. Um es einfacher auszudrücken: Der Weißstorch ist Symbol für den Zustand der Feuchtlebensräume in Mitteleuropa, er führt uns vor Augen, daß naturnahes Niederungsgrünland, Kleingewässer, Moore und Feuchtwiesen in unserer Heimat verschwinden. Wo der Weißstorch geht, dort müssen auch Kiebitz und Uferschnepfe die Fahnen streichen, haben Frösche und Kröten keine Chance mehr zu überleben, ändert sich der Wasserhaushalt im Boden und wird auch der Mensch, allen kurzsichtigen wirtschaftlichen Profiten zum Trotz, langfristig die Folgen seiner umweltzerstörerischen Eingriffe zu spüren bekommen.

Lebensraum schaffen für den Storch

Ein Junimorgen im Elbetal im Osten Schleswig-Holsteins. Als von einem Storchenhorst des kleinen Dorfs einer der Elternvögel zur Nahrungssuche abfliegt, startet unten ein alter Kleinwagen. Über ausgefahrene Feldwege folgt er dem fliegenden Weißstorch, bis dieser nach einigen Kilometern landet. Zwei junge Männer, bepackt mit Teleskopen, Ferngläsern und anderen Geräten, klettern aus dem Fahrzeug. Schon seit Wochen sind B. STRUWE und K.-M. THOMSEN im Auftrag der Staatlichen Vogelschutzwarte Schleswig-Holstein hier unterwegs. Stundenlang beobachten sie die Störche, füllen Hunderte von Seiten mit ihren Notizen und markieren die Positionen der Vögel auf einer abgegriffenen Landkarte. Lückenlos und akribisch wird so die Nahrungssuche des Storchenpaares überwacht. Später, im Labor und am Computer, zeigt sich, daß sich das mühsame Sammeln der Daten im Feld gelohnt hat. Hunderte von Kartenpunkten fügen sich zu den Umrissen und der Lage der Nahrungsgebiete zusammen. Art und Menge der Beutetiere, Verhalten der Vögel während der Nahrungssuche und viele andere Details lassen sich nun präzise darstellen. Unmißverständlich machen die Ergebnisse klar, wie schwer es den Storcheneltern fällt, genug Nahrung zu erbeuten. Sie zeigen aber auch auf, welche Gebiete von besonderem Wert für die Nahrungssuche sind und was getan werden muß, um diese zu erhalten oder zu verbessern.

Der Weißstorch war während der letzten Jahre Gegenstand zahlreicher solcher und ähnlicher Untersuchungen. Sie lieferten die Grundlagen für die Erarbeitung von Schutzkonzepten, die den Lebensraum des Weißstorchs nachhaltig verbessern könnten.

Woran liegt es, daß trotzdem die erforderlichen Schutzmaßnahmen nicht eingeleitet werden? Und warum greifen die bisher umgesetzten Konzepte nicht? Grund für das weitgehende Scheitern der Schutzbemühungen ist der Konflikt zwischen Naturschutz und Ökonomie, der sich aus den Anforderungen eines wirksamen Weißstorchschutzes ergibt. Technisch bietet die „weißstorchgerechte" Wiedervernässung von Grünlandflächen heute keine Probleme. Oft könnten bereits die Reduzierung der Pumpleistung von Schöpfwerken, das Schließen von Entwässerungsgräben oder ähnliche kleine Eingriffe das erwünschte Ergebnis bringen – wenn da nicht die Interessen der Landbesitzer und -nutzer wären. Wer jahrelang gegen das Wasser gekämpft hat, und wer mit schweren Maschinen sein Grünland bewirtschaften will, der hat kein Verständnis für den Ruf nach höheren Wasserständen.

Der Kauf geeigneter Flächen durch den behördlichen oder privaten Naturschutz ist die sicherste Methode, den Nutzungskonflikt langfristig auszuschließen.

Um wasserbauliche Maßnahmen einleiten zu können, ohne angrenzende bewirtschaftete Nachbargrundstücke zu beeinflussen, müßten jedoch in der Regel sehr große Gebiete erworben werden. Dazu kommt, daß gerade die für den Storch so wichtigen dorfnahen Flächen als Hauskoppeln auch für die Landwirtschaft unverzichtbar sind. Und schließlich müßten die aufgekauften Flächen durch den Naturschutz gepflegt, d. h. extensiv bewirtschaftet werden, wenn sie langfristig dem Storch als Nahrungsgebiete zur Verfügung stehen sollen. Das aber ist teuer und erfordert viel Personal. Regionalen Weißstorchbeständen kann so vielleicht geholfen werden – eine Lösung des Gesamtproblems ist der Kauf von Storchenhabitaten nicht.

Eine dauerhafte Perspektive bietet nur die grundlegende Änderung der europäischen EG-Agrarpolitik. Eine Umverteilung der für die Landwirtschaft ausgegebenen Mittel müßte eingeleitet werden: weg von der Überschußproduktion, von den bisherigen Zahlungen zur Preisstützung, Lagerhaltung und weg von Exportsubventionen, stattdessen hin zu einer am Bedarf orientierten und umweltgerechten landwirtschaftlichen Produktion bei gleichzeitigem Einsatz der dadurch eingesparten Mittel für Maßnahmen des Naturschutzes im Agrarbereich. Leider sind solche Gedanken derzeit noch Zukunftsmusik. Auch die vieldiskutierte EG-Agrarreform bringt da keine grundlegende Besserung. Zwar bietet sie neue Möglichkeiten der Flächenstillegung, mit dem Ziel, die landwirtschaftliche Produktion zu drosseln; die für diese Programme bereitgestellten finanziellen Mittel reichen jedoch für eine grundsätzliche Trendwende in der europäischen Landwirtschaft bei weitem nicht aus. Da außerdem die Stillegungsflächen laut EG-Verordnung im Sinne der Landwirtschaft unterhalten bzw. gepflegt werden müssen, besteht kaum Aussicht auf die Entwicklung solcher Flächen zu wertvollen Ökosystemen. Eher wird die Reform zu einer Intensivierung der Landwirtschaft auf wirtschaftlich interessanten Flächen führen, während weniger wirtschaftliche Standorte aus der Nutzung genommen werden. Gerade das vom Weißstorch benötigte wechselfeuchte Grünland kann jedoch nur durch eine extensive Bewirtschaftung erhalten werden.

Ist also die Forderung nach einem umfassenden Schutz des Lebensraums des Weißstorchs reine Theorie, unrealistische Forderung weltfremder Naturschützer, die über ihren engen Horizont nicht hinaussehen wollen? Sicherlich nicht. Weißstorchschutz ist heute, wie viele andere Teilaspekte im Naturschutz auch, eine Frage des Engagements in der Naturschutz-

Wir haben die Zukunft Adebars in unserer Hand

politik – und an der kann, ja muß jeder mitwirken. Die großen Umweltprobleme in den Ländern der EG sind politisch bedingt und deshalb auch nur politisch lösbar.

Helfen kann jeder!

Aber was, außer naturschutzpolitischem Engagement, kann der Einzelne zum Schutz Adebars beitragen? Wer an dieser Stelle Patentrezepte erwartet, konkrete Anweisungen, die ihm erlauben, dem Storch mit schnell wirksamen Maßnahmen auf die Füße zu helfen, der wird enttäuscht sein. Viele kleine Schritte jedoch, sei es die Pflege eines Weißstorchhorstes oder das Anlegen eines Tümpels, fügen sich letztlich mit den Bemühungen um die großflächige Erhaltung der Lebensräume zu einem Gesamtbild, in dem Adebars Platz langfristig gesichert ist.

Mangel an Nistplätzen ist keine Ursache für den Rückgang des Weißstorchs. Dies belegen die zahlreichen verlassenen Horste. Junge, erstmalig brütende Störche siedeln sich jedoch gelegentlich auch in Gebieten an, in denen vorher über lange Zeit hinweg keine Störche lebten, vor allem, wenn dort infolge vorausgegangener Habitatschutzmaßnahmen geeignete Lebensräume neu entstanden sind. Allerdings haben die Vögel heute meist Schwierigkeiten, auf den modernen, ziegelgedeckten Dächern ihre Nester zu errichten. Es kann deshalb durchaus sinnvoll sein, in solchen Gebieten Nestplattformen anzubringen. Wo ein bisher besetztes Nest aus zwingenden Gründen, z. B. wegen der Baufälligkeit eines Gebäudes, entfernt werden muß, dort sollte sogar unbedingt in unmittelbarer Nachbarschaft eine Nisthilfe errichtet werden.

Früher verwendete man für den Bau von Nestunterlagen große hölzerne Wagenräder, die mit Weidenzweigen ausgeflochten wurden. Heute werden die Plattformen, die einen Durchmesser von etwa 1 1/2 m haben sollten, im allgemeinen aus stabilen Holzbrettern oder Stahl gefertigt; auf keinen Fall dürfen geschlossene Holz- oder Metallplatten verwendet werden, da sie den freien Abfluß von Wasser aus dem Horst behindern würden.

Die Nestplattformen werden entweder mit Hilfe von Trägern direkt an der Holzkonstruktion des Dachstuhls verankert oder mittels eines Dachreiters auf den Dachfirst aufgesetzt. Ein auf der Plattform befestigter, flacher Weidenkorb erhöht die Attraktivität der Nisthilfe. Nestplattformen können auch auf großen toten Bäumen, Masten, Kaminen oder Fabrikschornsteinen angebracht werden.

Voraussetzung für die Annahme einer Nisthilfe durch ein Storchenpaar ist, daß sie exponiert steht, von den Vögeln unbehindert angeflogen werden kann und freien Blick auf potentielle Nahrungshabitate ermöglicht. Je natürlicher der neue Horst gestaltet wird, desto größer ist die Chance, daß ein Storchenpaar ihn besetzt. Es empfiehlt sich deshalb, Äste und Reiser im Nestboden und -rand einzuflechten und die Nestmulde mit Heu, Stroh oder ähnlichem lockeren Material auszulegen. Wenn man dann noch vor der Ankunft der Störche im Frühjahr die Umgebung des Nestes mit Kalkbrühe so einfärbt, daß der Eindruck von Kotspritzern entsteht, dann hat man alles getan, um wohnungssuchenden Störchen eine geeignete Behausung anzubieten.

Besetzte Horste sollten im Winter, während der Abwesenheit der Störche, kontrolliert und gegebenenfalls gereinigt oder ihre Unterkonstruktion repariert werden. Bei dieser Gelegenheit lassen sich auch Schlammkrusten, Reste toter Jungstörche, Schnurknäuel und ähnlicher Zivilisationsmüll aus den Nestern entfernen. Während der Brutzeit allerdings müssen solche Aktivitäten unter allen Umständen unterbleiben.

Durch die frühzeitige Sicherung der Umgebung von Horststandorten gegen mögliche Gefährdungsfaktoren kann man Verluste während der Brutzeit weitgehend vermeiden. Schornsteine mit weiten Öffnungen müssen mit Gitterrosten abgedeckt werden, um zu verhindern, daß Störche in sie hineinfallen und verenden. Gefährliche Freileitungen sollten den zuständigen Behörden, Naturschutzorganisationen und Energieversorgungsunternehmen gemeldet werden, mit der Aufforderung, diese zu entschärfen.

Nach der Ankunft der Störche im Frühjahr kann man Material zum Auspolstern der Nester auslegen. Gerne nehmen die Vögel Stroh, das sie in großen Bündeln zum Horst transportieren. Dort, wo es nur wenige Sträucher und kein Altholz gibt, ist es sinnvoll, Reisig und Äste anzubieten, die von den Störchen zum Ausbessern der Horste verwendet werden.

Tümpel, Teiche und andere Kleingewässer können kein Ersatz für großflächige Feuchtgebiete sein. Trotzdem ist die Schaffung solcher Biotope ein wichtiger Beitrag zur ökologischen Aufwertung einer Region. Sie tragen zur Bereicherung der Landschaftsstruktur bei und erleichtern dem einen oder anderen Storchenpaar während Nahrungsengpässen die Versorgung ihrer Jungen mit Futter. Damit sie ihre ökologische Aufgabe in der Landschaft wahrnehmen können, müssen Teiche abgeflachte Ufer und weite Flachwasserzonen enthalten, die Amphibien und einer Vielzahl von Insekten und anderen Kleintieren eine Heimstatt bieten. In der Teichmitte sollte die Wassertiefe mindestens 1 m betragen, um Fischen und anderen Tieren das eisfreie Überwintern zu ermöglichen. Von besonderem Wert sind Kleingewässer, wenn sie in Grünlandflächen liegen, auf denen der Weißstorch regelmäßig nach Nahrung sucht. Unter keinen Umständen dürfen Tümpel und Teiche mit standortfremden Tieren oder Pflanzen besetzt werden – eine natürliche Besiedlung mit einheimischen Organismen stellt sich meist nach einiger Zeit von selbst ein. Die wohlgemeinten Bemühungen mancher Naturschützer, durch das Aussetzen von Froschlaich eine neue Nahrungsgrundlage zu schaffen, sind angesichts des enormen Nahrungsbedarfs selbst einer einzigen Storchenfamilie zum Scheitern verurteilt.

Nach dem Schlüpfen der Jungen sollte man das Nest regelmäßig aus angemessener Entfernung kontrollieren. Wenn einer oder beide Altvögel auch nach vielen Stunden nicht zum Füttern zurückkehren, dann muß der zuständige Horstbetreuer, meist ein ehrenamtlicher Naturschützer, informiert werden. Seine Adresse und Telefonnummer lassen sich beim ortsansässigen Naturschutzverein oder der zuständigen Behörde erfragen. Er kann gegebenenfalls weitere Schritte einleiten. Keinesfalls sollte man selbst auf das Dach steigen und die Jungen entnehmen. Außergewöhnliches Verhalten oder besonders starke Verschmutzung der Jungen, wie sie in sehr feuchten Wetterlagen vorkommen kann, sollte man ebenfalls dem Horstbetreuer mitteilen; durch Schlamm verkleben manchmal in solchen Situationen die Schnäbel der Jungen so stark, daß diese kein Futter mehr aufnehmen können.

Gemeinsames Handeln macht stark

Für den Einzelnen sind die erforderlichen Schutzmaßnahmen oft zu aufwendig und teuer. Manch einer resigniert deshalb und verzichtet auf weiteres Engagement für den Storch. Gebündelt jedoch haben die Bemühungen vieler Naturfreunde Aussicht auf Erfolg. Naturschutzverbände, allen voran der Naturschutzbund Deutschland (NABU), der den Storch im Wappen führt, bemühen sich seit langem um die Rettung des Weißstorchs.

Mitglieder des NABU, zusammengeschlossen in der „Bundesarbeitsgruppe Weißstorchschutz", schaffen durch ihre Arbeit die Grundlage für einen effektiven Schutz der Art. Als Horstbetreuer sorgen sie für das Wohlergehen brütender Paare, zählen die Anzahl brütender Störche und überwachen den Bruterfolg. Ortsoder Kreisgruppen von Naturschutzverbänden engagieren sich in der Anlage von Nahrungsbiotopen, der Schaffung von künstlichen Altwässern und Flutmulden und der naturnahen Gestaltung von Fließgewässern. Viele verletzte oder in Angelschnüren und Wollknäueln verfangene Jungstörche werden alljährlich von ehrenamtlichen Mitarbeitern des NABU gerettet.

Durch ihre naturschutzpolitische Arbeit überzeugen sie die Behörden von der Dringlichkeit von Habitatschutzmaßnahmen und tragen durch Öffentlichkeitsarbeit zu einer ständig wachsenden Akzeptanz für die großen Aufgaben im Weißstorchschutz bei.

Ein beeindruckendes Beispiel für die erfolgreiche Arbeit der Naturschutzverbände ist die Verringerung der Verluste an Freileitungen. Ehrenamtliche Storchenschützer kartieren gefährliche Leitungen und Elektromasten, melden sie den zuständigen Energieversorgungsunternehmen und schlagen Maßnahmen zur Vermeidung von Unfällen vor. In der Umgebung des Storchendorfes Bergenhusen wurden infolge solcher Aktivitäten alle Freileitungen erdverkabelt, also unter die Erde verlegt. In anderen Regionen wurden die nackten Leitungen durch isolierte Kabel ersetzt (Luftverkabelung) oder Hängeisolatoren anstelle der tödlichen Stützisolatoren angebracht. Sitzstangen auf den Masten, Vogelschutzabdeckungen über den Leiterseilen oberhalb von Isolatoren und große bunte Kugeln an den Leiterseilen sind weitere Hilfsmittel, die zur Verringerung der Weißstorchverluste beitragen. Ohne die aufopfernde Arbeit der ehrenamtlichen Storchenschützer wären die meisten dieser Maßnahmen nie eingeleitet worden.

Weißstorchschutz – eine internationale Aufgabe

Der Autor im Gespräch mit sudanesischen Weißstorchjägern – Naturschutz durch

Schauplatz: Ein kleines Dorf im östlichen Sudan, nicht weit von der Grenze nach Äthiopien. Einfache Lehm- und Strohhütten stehen weit verstreut entlang der staubigen Wege. Um unseren verbeulten Geländewagen hat sich trotz der brütenden Hitze eine Menschentraube versammelt. A. ELMALIK, mein sudanesischer Kollege, übersetzt mir, was die aufgeregt gestikulierenden Dorfbewohner erzählen.

Storchenbeine und -federn liegen zwischen den Hütten verstreut auf dem Boden; sie belegen, daß Adebar hier als willkommene Jagdbeute dient. Um Wege zu finden, die diese Bejagung in Zukunft verhindern können, sind wir für ein gemeinsames Forschungsprojekt mehrerer großer Naturschutzorganisationen in dieser abgelegenen Ecke der Welt unterwegs. Abends im Camp, nach vielen weiteren Kilometern auf schlechten Pisten und Besuchen in einigen anderen Dörfern, kann ich in meinem Notizbuch den ersten Entwurf einer Strategie skizzieren, die den Durchzug des Weißstorchs durch den östlichen Sudan sicherer machen soll.

Während des Herbstzuges rasten in den sudanesischen Savannen fast eine halbe Million Weiß-

Umwelterziehung in Afrika und im Mittleren Osten hilft neben vielen anderen Tierarten auch dem Weißstorch

störche. Da kann man es den dort lebenden Menschen kaum verübeln, daß sie dieses scheinbare Überangebot nutzen und die großen Vögel in ihren Speiseplan aufnehmen. Ein naher Verwandter des Weißstorchs dagegen, der afrikanische Regen- oder Abdimstorch, ist tabu; er lebt und brütet unbehelligt inmitten der sudanesischen Dörfer und Städte. Der Abdimstorch gilt den Sudanesen als Glücksbringer und Fruchtbarkeitssymbol und nimmt damit gewissermaßen die Stelle ein, die der Weißstorch in Mitteleuropa innehat. Traditionen spielen im Leben der naturverbunden lebenden Menschen im Sudan noch eine wichtige Rolle. Die Weißstorchjäger waren deshalb meist tief betroffen, wenn sie erfuhren, welche Bedeutung ihre Jagdbeute für uns Europäer hat.

Hunger leiden die sudanesischen Jäger nicht – sie leben im größten Hirse- und Baumwollanbaugebiet des Sudan, und es geht ihnen besser als den Menschen in anderen Teilen des Landes. Durch eine gut organisierte Öffentlichkeitsarbeit, mit der traditionellen Bedeutung von Weiß- und Abdimstorch als Leitthema, könnte deshalb das Ausmaß der Storchenjagd drastisch reduziert werden. Sudanesische Naturschützer müßten die Dör-

fer aufsuchen und dort Informationsveranstaltungen abhalten – mit Hilfe von Filmen, Aufklärungsschriften und anderen Materialien. Da es in den Dörfern kaum Abwechslungen gibt, ja sogar Fernseh- und Radiogeräte fast überall fehlen, wäre den Filmvorführungen und Vorträgen ein großes Publikum garantiert.

Manchmal genügt also die Kenntnis der Verhältnisse vor Ort, um einzelne Gefährdungsfaktoren mit relativ geringen Kosten erfolgreich bekämpfen zu können. Wesentlich schwieriger wird es jedoch sein, die viel wichtigeren Probleme zu lösen, die aus der Heuschreckenbekämpfung, anderen Pestizideinsätzen und einer Vielzahl von Eingriffen in den Naturhaushalt der Überwinterungsgebiete resultieren. Es sind häufig die sogenannten „entwickelten" Länder, die die afrikanischen Staaten mit Pestiziden versorgen und durch falsch verstandene „Entwicklungshilfeprojekte" die Naturzerstörung in der Dritten Welt fördern. Westliche Wissenschaftler und Naturschutzverbände müssen deshalb darauf hinwirken, daß ihre Regierungen solche Projekte in Zukunft kritischer werten. Niemand wird bezweifeln, daß Heuschreckenbekämpfungen erforderlich sind, wenn Schwärme dieser gefräßigen Insekten das Leben der Menschen ganzer Regionen gefährden. Aber um unnötige Belastungen der Umwelt zu vermeiden, müssen in Zukunft auch in Afrika und im Mittleren Osten ökologische Gesichtspunkte im chemischen Pflanzenschutz viel stärker als bisher berücksichtigt werden.

Internationale Abkommen sind wichtige Instrumente im länderübergreifenden Naturschutz. Die „Bonner Konvention", das Abkommen zum Schutz wildlebender wandernder Tierarten und andere internationale Naturschutzvereinbarungen können helfen, die Zugrouten und Winterquartiere des Weißstorchs sicherer zu machen. Für die Durchführung von Schutzmaßnahmen und die Durchsetzung ihrer Naturschutzgesetze benötigen die Dritte-Welt-Länder, die meist unter wirtschaftlichen Schwierigkeiten leiden, finanzielle, organisatorische und fachliche Unterstützung. „Hilfe zur Selbsthilfe" muß das oberste Prinzip bei allen Maßnahmen lauten. Denn nur, wer die Notwendigkeit für Schutzmaßnahmen erkennt und in der Lage ist, diese auch selbst durchzusetzen, wird langfristig einen wirksamen Naturschutz in seinem Land aufbauen können. Der Weißstorch ist ein eindrucksvolles Beispiel für die Dringlichkeit internationalen Vorgehens im Artenschutz. Naturschutz kann und darf nicht an Ländergrenzen enden.

Gehegestörche
statt Wildvögel?

Immer mehr
Fachleute bezwei-
feln inzwischen den
Sinn solcher
Storchen-Aufzucht-
stationen

Im Sommer herrscht bei Tierarzt W. HANSEN Hoch betrieb. Seit vielen Jahren kümmern er und seine Frau sich in dem idyllisch an der Eider gelegenen Dorf Süderstapel aufopfernd um pflegebedürftige und verletzte Störche. Von weit her bringt man ihnen die Pfleglinge vorbei. Mal ist es ein Jungstorch, der aus dem Nest fiel und unter großen Mühen großgepäppelt wird, mal ein Altstorch, der sich an einem Elektromasten Brandverletzungen zugezogen hat. Unfallopfer sind dabei, und durch Hunger geschwächte oder pestizidvergiftete Vögel. Mit Fachverstand und viel Geduld werden die Patienten versorgt und kuriert, und viele Pfleglinge können bald wieder in die Freiheit entlassen werden.

Was aber tun mit den Störchen, die den Weg in die Freiheit nicht mehr beschreiten können, die für immer Pflegefälle sind? Einige bleiben bei den HANSENs, werden dort umsorgt und gefüttert, andere müssen in Storchenpflegestationen untergebracht werden. Im Storchendorf Bergenhusen betreut R. WENDT solche Dauerpfleglinge in einer kleinen, vom NABU betriebenen Station und macht ihnen das Leben in den Gehegen so angenehm wie möglich.

Aus ethischen Gründen sind solche Pflegestationen zu befürworten – denn irgendwo müssen verletzte Störche schließlich untergebracht werden. Eingebunden in pädagogisch sinnvolle Konzepte können die Pfleglinge außerdem eine wichtige Funktion in der Hinführung des Menschen zum Wildtier Weißstorch und damit in der Sympathiewerbung für den Weißstorchschutz erfüllen. Aber auch wenn es ketzerisch klingen mag: für den Erhalt des Weißstorchs in Westeuropa spielt die Pflege verletzter Störche sicherlich keine Rolle. Die wenigen Individuen, die nach ihrer Genesung zurück in die Freiheit entlassen werden, haben zahlenmäßig keine Bedeutung für die Gesamtpopulation, und Dauerpfleglinge sind für die wildlebende Population ohnehin verloren.

Seit einigen Jahren kommt ein neues Konzept des „Storchenschutzes" zunehmend in Mode: die Vermehrung von Störchen in Gefangenschaft. Ziel solcher Projekte ist es, Störche für Bestandsstützungen oder Wiederansiedlungen zu produzieren. Technisch stellt die Gefangenschaftsvermehrung des Weißstorchs heute kein Problem dar, und auch die Aufzucht der Jungvögel ist inzwischen Routinesache. Um zu verhindern, daß die Vögel nach der Nestlingszeit auf Nimmerwiedersehen verschwinden, ändert man durch einen einfachen Eingriff ihr Verhalten: während der ersten zwei Lebensjahre wird jeweils ein Flügel der Zuchtstörche „geriemt", d. h. mit einem Lederriemen so fixiert, daß die Vögel flugunfähig sind. Werden im dritten Jahr diese Riemen entfernt, dann können die Vögel zwar fliegen, ihr Zugtrieb ist jedoch erloschen. Sie verpaaren sich mit anderen Zuchtstörchen, siedeln sich nahe der Gehege an und brüten dort. Auch ein erheblicher Teil ihres Nachwuchses verzichtet fortan auf den Zug nach Afrika. In Altreu in der Schweiz, in Schwarzach im Odenwald, in Hunawihr im Elsaß und an vielen anderen Orten gibt es inzwischen Weißstorch-Zuchtprogramme, die beachtliche Zahlen von Störchen produzieren – und so kommt es, daß man immer häufiger auch im tiefen Winter nicht auf den Anblick Adebars verzichten muß. Was auf den ersten Blick die ideale Antwort auf den Rückgang der Weißstorchpopulationen zu sein scheint, hat jedoch eine äußerst ernstzunehmende Kehrseite. Viele Wissenschaftler warnen inzwischen vor solchen Zuchtprogrammen und bezweifeln deren Bedeutung für die Erhaltung des Weißstorchs. Sie befürchten gar, daß die freifliegenden Gehegevögel eher eine zusätzliche Gefährdung für die noch verbliebenen Wildpopulationen darstellen könnten.

Durch ihre ganzjährige Anwesenheit sind die Gehegevögel gegenüber Wildstörchen im Vorteil, können optimale Brutplätze früher als die später aus Afrika zurückkehrenden Wildvögel besetzen und vertreiben jene dadurch von ihren angestammten Brutplätzen. Einige der größeren Zuchtprogramme arbeiten mit aus Nordafrika importierten Störchen – ohne Rücksicht auf die möglicherweise erheblichen genetischen Unterschiede zwischen diesen und ihren westeuropäischen Artgenossen. In Südwestdeutschland gibt es infolge von Bestandsstützungen mit freifliegenden Gehegevögeln praktisch keine echten Wildbrutpaare des Weißstorchs mehr. Die langfristigen Folgen solcher Entwicklungen sind bisher bei weitem noch nicht absehbar – möglicherweise zerstören die Zuchtprojekte jegliche Chance auf eine zukünftige Wiederbesiedlung mit echten Wildstörchen.

Das Argument der Storchenzüchter, die Ansiedlung freifliegender Gehegevögel sei lediglich Mittel zum Zweck und diene dazu, Kommunen zur Schaffung von Weißstorchlebensräumen zu bewegen, hat sich in der Praxis bisher nicht bewahrheitet. Im Gegenteil: das Vorhandensein von Weißstörchen vermittelt das Trugbild einer „heilen Welt" und nimmt den Naturschützern in der Argumentation mit politischen Entscheidungsträgern den Wind aus den Segeln. Obgleich der Wiederansiedlungsversuch in Altreu in der Schweiz bereits seit Ende der 40er Jahre läuft und inzwischen dort mehr als 100 freifliegende Gehegepaare brüten, hat sich die Lebensraumsituation stetig weiter verschlechtert.

Das Ziel eines sachgemäßen Weißstorchschutzes muß es sein, eine wildlebende, vom Menschen unabhängige Weißstorchpopulation zu schaffen. Freifliegende Gehegestörche sind nicht als Wildtiere zu werten, sondern verwilderten Zoovögeln gleichzusetzen. Befürworter der Wiedereinbürgerung des Weißstorchs bemühen sich um die künstliche Erhaltung eines besonders auffälligen Elements des Ökosystems Feuchtgrünland – und vergessen dabei den Blick auf die Natur als Ganzes. Es mehren sich deshalb die Stimmen, die die Einstellung laufender Storchenzuchtprogramme und die Investition der freiwerdenden Mittel in echte Schutzprojekte fordern.

Kann der Storch überleben?

Lieber eine vom Menschen abhängige Population von Weißstörchen als gar keine Störche mehr. Für Tierarten, deren Wildpopulationen ausgestorben sind, mag eine solche Forderung zutreffen – im Falle des Weißstorchs jedoch ist sie schlichtweg falsch. Wenn Adebar in West- und Mitteleuropa auch hochgradig gefährdet ist, so stellen doch die stabileren Populationen der benachbarten Länder im Osten eine potentielle Keimzelle für den Wiederaufbau auch mitteleuropäischer Wildpopulationen dar.

Soeben, während die letzten Arbeiten an diesem Buch abgeschlossen werden, im Mai 1993, zeigt sich die Wahrheit dieser Aussage: fast überall in Deutschland sind unerwartet viele Weißstörche aus Afrika zurückgekehrt, regional brüten 1/3 mehr Störche als im Vorjahr, und Nistplätze, die jahrelang verwaist waren, wurden erstmals wieder besetzt.

Es gibt also, allen düsteren Prognosen zum Trotz, auch in Mittel- und Westeuropa eine realistische Chance für den Weißstorch. Sie setzt allerdings voraus, daß es gelingt, die wichtigsten Rückgangsfaktoren im gesamten Verbreitungsgebiet der Art, sowohl in den Brutgebieten als auch in den Winterquartieren und entlang der Zugrouten, weitgehend auszuschalten. Zwei große Prinzipien müssen den Bemühungen um die Erhaltung des Weißstorchs zugrunde liegen: Lebensraumschutz und internationale Zusammenarbeit.

Weißstorchschutz ist ein schwieriges Unterfangen – aber nicht ohne Aussicht auf Erfolg. Wenn es gelingt, in großem Umfang Lebensräume für den Weißstorch zu schaffen, Niederungsgebiete und extensiv genutztes Grünland zu erhalten, dann haben sich alle Mühen gelohnt. Unsere Kinder und Enkel werden es uns danken, wenn auch sie noch Störche klappern sehen und hören können.

Informations- und Aktionsadressen

Vereine/Institutionen:

Institut für Wiesen und Feuchtgebiete,
Naturschutzbund Deutschland e.V. (NABU)
Goosstroot 1, 24861 Bergenhusen
Tel.: 04885-570, Telefax: 04885-583

NABU Bundesarbeitsgruppe Weißstorchschutz
c/o Storchenhof Loburg, Chausseestr. 18, 39279 Loburg
Tel.: 039245-274

Arbeitsgemeinschaft der Weißstorchbetreuer Nordwestdeutschlands
c/o Staatliche Vogelschutzwarte Niedersachsen
Scharnhorststr. 1, 30175 Hannover 1
Tel.: 0511-1085333, Telefax: 0511-1082501

Landesbund für Vogelschutz in Bayern e.V. (LBV)
91355 Hilpoltstein
Tel.: 09174-9085,

Aktionskommittee „Rettet die Weißstörche im Kreis Minden-Lübbecke" e.V.
c/o Kreishaus, Portastr. 13, 32423 Minden
Tel.: 0571-8072203

The Stork Foundation Waldstr. 27, 1000 Berlin 51
Tel.: 030-43800417, Telefax: 030-43800443

Schweizerische Vogelwarte
CH-6204 Sempach
Tel.: 0041-41-990022, Telefax: 0041-41-994007

IWRB/ICBP/IUCN Specialist Group on Storks, Ibises and Spoonbills
c/o National Foundation for Research in Zoological Gardens Amsterdam Zoo,
P.O.Box 20164, NL-1000 HD Amsterdam, Niederlande
Tel.: 0031-20-6207476, Telefax: 0031-20-6253931

Institut für Vogelforschung – Vogelwarte Helgoland
An der Vogelwarte 21, 26386 Wilhelmshaven
Tel.: 04421-61800, Telefax: 04421-968955

Vogelwarte Radolfzell,
Am Obstberg, 78315 Radolfzell 16 (Möggingen)
Tel.: 07732-15010, Telefax: 07732-150134

Centre Régional de Baguage d'Oiseaux 1,
rue de Mâcon, F-67100 Strasbourg Frankreich
Tel.: 0033-88396644

Gesellschaft zur Förderung des Storchenansiedlungsversuchs Altreu, Sälirain
23, CH-4500 Solothurn, Schweiz
Tel.: 0041-65-223583

Storchenpflegestationen bzw. Kontaktadressen:

Neue Bundesländer:
Storchenhof Loburg im Ministerium für Umwelt und Naturschutz des Landes
Sachsen-Anhalt
Chausseestr. 18, 39279 Loburg, Tel.: 039245-274

Schleswig-Holstein:
Storchenschutzstation Bergenhusen
24861 Bergenhusen
Tel.: 04885-358

Wildpark Eekholt
24623 Großenaspe
Tel.: 04327-386

Niedersachsen:
Storch-Pflegestation Verden/Aller
Halsmühlenweg 45, 27283 Verden-Dauelsen
Tel.: 04231-73757

Zentrale Vogelpflege- und Auswilderungsstation Leiferde
des Naturschutzbund Deutschland
Tel.: 05373-6677

Nordrhein-Westfalen:
Aktionskommittee „Rettet die Weißstörche im Kreis Minden-Lübecke" e.V.,
c/o Kreishaus, Portastraße 13, 32423 Minden
Tel.: 0571-8072203

Hessen:
Staatl. Vogelschutzwarte für Hessen, Rheinland-Pfalz und Saarland
Institut für Angewandte Vogelkunde
Steinauer Straße 44, 60386 Frankfurt/Main
Tel.: 069-411532

Baden-Württemberg:
Naturschutzbund Deutschland (NABU) – Landesverband Baden-Württemberg
Max-Planck-Str. 10, 70806 Kornwestheim
Tel.: 07154-131840, Telefax: 07154-131849

Bezirksstelle für Naturschutz und Landschaftspflege Karlsruhe
Kriegsstr. 5a, 76137 Karlsruhe
Tel.: 0721-1354351, Telefax: 0721-379899

Bayern:
Landesbund für Vogelschutz in Bayern e.V. (LBV)
91355 Hilpoltstein
Tel.: 09174-9085

Weißstorch-Aufzuchtstationen:

Weißstorch-Aufzuchtstation Schwarzach c/o Staatliches Forstamt Schwarzach
Schloßweg 1, 74869 Schwarzach
Tel: 06262-6211

Storchenansiedlungsversuch Altreu,
Sälirain 23, CH-4500 Solothurn, Schweiz
Tel.: 0041-65-223583

Zoo de l'Orangerie
F-67000 Strasbourg, Frankreich
Tel.: 0033-88616288

Literatur

Bücher:

Die mit * markierten Bücher sind Fachbücher oder Symposiumsbände, die die Thematik „Weißstorch" umfassend behandeln und die aktuellen Bestandszahlen sowie eine Vielzahl bedeutender Originalarbeiten enthalten.

Bauer, K., Glutz von Blotzheim, U. N.: Ciconia ciconia (Linné 1758) – Weißstorch. In: Handbuch der Vögel Mitteleuropas, Bd. 1, Gaviiformes – Phoenicopteriformes. Akademische Verlagsgesellschaft, Wiesbaden, S. 388-415, 1966.

Bernis, F.: La Poblacion de las Cigüeñas Españolas, Estudios y Tablas de Censos, Periodo 1948-1974. Catedra de Zoologia de Vertebrados, Facultad de Biologia, Universidad Complutense de Madrid, 1981.

Chozas Pedrero, P., Lazaro Mari, E., Calvo Sánchez, J. J. (Hrsg.): Simposio sobre Cigüeñas Ibéricas. Gráficas Dehon, Torrejón de Ardoz, Madrid, 1988.

Cramp, S., Simmons, K. E. L. (Hrsg.): Ciconia ciconia White Stork. In: Handbook of the Birds of Europe, the Middle East and North Africa, The Birds of the Western Palearctic, Vol. 1, Ostrich to Ducks. Oxford University Press, Oxford, London, New York, S. 328-335, 1977.

Creutz, G.: Der Weißstorch Ciconia ciconia. Die Neue Brehm-Bücherei 375, A. Ziemsen Verlag, Wittenberg Lutherstadt, 1988.*

Hahn, O.: Der Weißstorch – Schwarze Aussichten für den weißen Storch. Neumann-Neudamm, Melsungen, 1984.

Hancock, J. A., Kushlan, J. A., Kahl, M. P. (Hrsg.): White Stork Ciconia ciconia (Linnaeus). In: Storks, Ibises and Spoonbills of the World. Academic Press, London, S. 97-102, 1992.

Hayman, P., Jonkers, D., van Zalinge, P.: Ooievaars in Nederland. Uitgeverij Oberon bv, Haarlem.

Hölzinger, J., Schmid, G. (Hrsg.): Artenschutzsymposium Weißstorch. Beih. Veröff. Naturschutz Landschaftspflege Bad.-Württ. 43, Karlsruhe, 1986.*

Kahl, M. P.: Welt der Störche. Paul Parey, Hamburg, Berlin, 1981.

Mayr, W., Sülberg, H.: Störche. Ellert und Richter, Hamburg, 1988.

Mériaux, J.-L., Schierer, A., Tombal, C., Tombal, J.-C. (Hrsg.): Les Cigognes d'Europe, Actes du Colloque International. Institut Européen d'Ecologie, Metz, 1992.*

Rheinwald, G., Ogden, J., Schulz, H. (Hrsg.): Weißstorch, Status und Schutz – White Stork, Status and Conservation. Schriftenreihe des Dachverbandes Deutscher Avifaunisten, Nr. 10, 1989.*

Schulz, H.: Weißstorchzug – Ökologie, Gefährdung und Schutz des Weiß storchs in Afrika und Nahost. Verlag Josef Margraf, Weikersheim, 1988.*

Siewert, H.: Störche, Erlebnisse mit dem Schwarzen und Weissen Storch. D. Reimer / E. Vohsen, Berlin, 1932.

Wissenschaftliche Einzelpublikationen:

Der Weißstorch gehört zu den bestuntersuchten Vogelarten der Erde. Allein der Altvater der Storchenforschung, der 1991 verstorbene Prof. Dr. Ernst Schüz, publizierte weit über hundert Arbeiten über den Weißstorch. Die folgende Literaturliste kann deshalb nur einige der Grundlagenarbeiten zu verschiedenen Themenkomplexen enthalten. Eine umfangreiche Literatursammlung über den Weißstorch ist beim NABU Institut für Wiesen und Feuchtgebiete in Bergenhusen (Adresse siehe vorne) verfügbar; Anfragen nach spezifischen Publikationen werden von dort gerne beantwortet.

Bairlein, F.: Analyse der Ringfunde von Weißstörchen (Ciconia ciconia) aus Mitteleuropa westlich der Zugscheide: Zug, Winterquartier, Sommerverbreitung vor der Brutreife. Vogelwarte 31, S. 33-44, 1981.

Bairlein, F.: Population studies of White Storks (Ciconia ciconia) in Europe. In: Perrins, C. M., Lebreton, J.-D., Hirons, G. J. M.: Bird Population Studies, Relevance to Conservation and Management. Oxford University Press, Oxford, S. 207-229, 1991.

Barre, D.: Untersuchungen zur Nahrungsbiologie des Weißstorchs (Ciconia ciconia) in Schleswig-Holstein. Wissenschaftl. Hausarbeit, Biologie Lehramt Gymnasien, Universität Kiel, 1979.

Burnhauser, A.: Zur ökologischen Situation des Weißstorchs in Bayern: Brutbestand, Biotopansprüche, Schutz und Möglichkeiten der Bestanderhaltung und -verbesserung. Abschlußbericht, Institut für Vogelkunde, Garmisch-Partenkirchen, 1983.

Chozas Pedrero, P.: Estudio general sobre la Dinamica de la Poblacion de la Cigüeña Blanca, Ciconia c. ciconia (L.) en España. Tesis Doctoral 227/83, Departamento de Zoologia Vertebrados, Facultad de Ciencias Biológicas, Universidad Complutense de Madrid, 1983.

Dziewiaty, C.: Nahrungsökologische Untersuchungen am Weißstorch Ciconia ciconia in der Dannenberger Elbmarsch (Niedersachsen). Vogelwelt 113, S. 133-144, 1992.

Fiedler, G., Wissner, A.: Freileitungen als tödliche Gefahr für Störche C. ciconia. Ökol. Vögel 2 (Sonderheft), S. 59-109, 1980.

Goriup, P. D., Schulz, H.: Conservation Management of the White Stork: an International Need and Opportunity. In: Salathé, T.: Conserving Migratory Birds. ICBP Technical Publication No. 12, International Council for Bird Preservation, Cambridge, S. 97-127, 1991.

Jakubiec, Z.: Population of White Stork Ciconia ciconia L. in Poland, Part 1: Number and Reproduction of the White Stork according to Results of Field Controls and Inquiry Data. Studia Naturae (Polska Akademia Nauk), Seria A: Wydawnictwa Naukowe, Nr. 28, Kraków, 1985.

Jakubiec, Z.: Population of White Stork Ciconia ciconia (L.) in Poland, Part 2: Some Aspects of the Biology and Ecology of White Stork. Studia Naturae (Polska Akademia Nauk), Seria A: Wydawnictwa Naukowe, Nr. 37, Kraków, 1991.

Kanyamibwa, S., Schierer, A., Pradel, R., Lebreton, J. D.: Changes in the adult annual survival rates in a western European population of the White Stork Ciconia ciconia. Ibis 132, S. 27-35, 1990.

Lázaro Mari, M. E.: Contribucion al Estudio de la Alimentacion de la Cigüeña Blanca, Ciconia c. ciconia (L.) en España. Tesis Doctoral 175/84, Departamento de Fisiologia Animal y Zoologia, Facultad de Ciencias Biológicas, Universidad Complutense de Madrid, 1984.

Libbert, W.: Wo verbleiben die Weißstörche aller Altersstufen in den Brutmonaten? Vogelwarte 17, S. 100-113, 1954.

Löhmer, R., Beyerbach, M.: Der Weißstorch (Ciconia ciconia) im Regierungsbezirk Hannover: Bestandsübersicht und Analyse 1958 bis 1987. Beitr. Naturkunde Niedersachs. 45, S. 53-88, 1992.

Löhmer, R., Schulz, H.: Zucht und Auswilderung – ein Beitrag zur Rettung des Weißstorchs? Niedersächs. Gemeinde 41, Heft 2, 1989.

Löhmer, R., Jaster, P., Reck, F.-G.: Untersuchungen zur Ernährung und Nahrungsraumgröße des Weißstorches (Ciconia ciconia). Beitr. Naturkunde Niedersachs. 33, S. 117-129, 1980.

Meybohm, E., Dahms, G.: Über Altersaufbau, Reifealter und Ansiedlung beim Weißstorch (Ciconia ciconia) im Nordsee-Küstenbereich. Vogelwarte 28, S. 44-61, 1975.

Riegel, M., Winkel, W.: Über Todesursachen beim Weißstorch (Ciconia ciconia) anhand von Ringfunden. Vogelwarte 26, S. 128-135, 1971.

Sackl, P.: Untersuchungen zur Habitatwahl und Nahrungsökologie des Weißstorchs (Ciconia ciconia L.) in der Steiermark. Inauguraldissertation, Naturwissensch. Fakultät, Karl-Franzens-Universität Graz, 1985.

Sackl, P.: Über saisonale und regionale Unterschiede in der Ernährung und Nahrungswahl des Weißstorches (Ciconia c. ciconia) im Verlauf der Brutperiode. Egretta 30, S. 49-80, 1987.

Schneider, M.: Periodisch überschwemmtes Dauergrünland ermöglicht optimalen Bruterfolg des Weißstorches (Ciconia ciconia) in der Save-Stromaue (Kroatien/Jugoslawien). Vogelwarte 34, S. 164-173, 1988.

Schüz, E.: Die Zugscheide des Weißen Storches nach den Beringungs-Ergebnissen. Bonn. Zool. Beitr. 4, S. 31-72, 1953.

Schüz, E.: Ringfundmaterial (Stand 1960) zum Thema: westeuropäische Zugscheide des Weißstorchs. Auspicium 1, S. 243-269, 1961.

Schüz, E.: Über die nordwestliche Zugscheide des Weißen Storchs. Vogelwarte 21, S. 269-290, 1962.

Schüz, E.: Zur Deutung der Zugscheiden des Weißstorchs. Vogelwarte 22, S. 194-223, 1964.

Schüz, E.: Rettet den Weißstorch! Nat.forsch. Ges. Rheinaubund, ICBP,

Flugbl.-Ser. II, Nr. 15, 1979.

Schüz, E.: Status und Veränderungen des Weißstorchbestandes. Naturwiss. Rundschau 33, S. 102-105, 1980.

Schüz, E., Böhringer, R.: Zum Zug des Weißstorchs in Afrika und Asien nach den Ringfunden bis 1949. Vogelwarte 15, S. 160-187, 1950.

Schüz, E., Szijj, J.: Vom Weißstorchbestand in Deutschland 1934-1958. J. Orn. 102, S. 28-33, 1961.

Schulz, H.: Thermoregulatorisches Beinkoten des Weißstorchs (Ciconia ciconia), Analyse des Verhaltens und seiner Bedeutung für Verluste bei beringten Störchen im afrikanischen Winterquartier. Vogelwarte 34, S. 107-117, 1987.

Schulz, H.: Zu Nahrungsökologie und Verhalten des Weißstorchs (Ciconia ciconia) in einem Optimalhabitat (Save-Aue/Jugoslawien). Abschlußbericht, WWF/DBV-Weißstorchprojekt, 1989.

Schulz, H.: Der Zug des Weißstorchs (Ciconia ciconia) – Ergebnisse eines WWF-Forschungsprojektes. Schriftenreihe Bayer. Landesamt für Umweltschutz, Heft 92, S. 77-85, 1989.

Schulz, H.: Der Irrweg der Weißstorchzucht – Gefährdung der Wildpopulation durch Wiederansiedlung bzw. Bestandsstützung. In: Schneider, E., Oelke, H., Groß, H.: Die Illusion der Arche Noah, Gefahren für die Arterhaltung durch Gefangenschaftszucht. Echo Verlag, Göttingen, S. 185-206, 1989.

Sellheim, P.: Untersuchungen zum Beutefangverhalten und zur Aktionsraumnutzung der Weißstorchbrutpaare im Unteren Allertal im Jahr 1985. Diplomarbeit, Universität Hannover, 1986.

Struwe, B., Thomsen, K.-M.: Untersuchungen zur Nahrungsökologie des Weißstorches (Ciconia ciconia L. 1758) in Bergenhusen 1989. Corax 14, S. 210-238, 1991.

Weigold, H.: Der weiße Storch in der Provinz Hannover. Niedersächsischer Heimatschutz, Heft 14, Oldenburg, 1937.

Zink, G.: Populationsuntersuchungen am Weißen Storch (Ciconia ciconia) in SW-Deutschland. Proc. XIII. Int. Orn. Congr., S. 812-818, 1963.

Zink, G.: Populationsdynamik des Weißen Storchs, Ciconia ciconia, in Mitteleuropa. Proc. XIV. Int. Orn. Congr., S. 191-215, 1967.

Bildnachweis:

S. 36: N. Kempf;

S. 2/3, S. 6 links, S. 16, S. 60: M. Pforr;
S. 4/5, S. 18/19: E. Pforr;

SAVE-BILD Bildagentur;
S. 28, S. 30/31: J. Bogner;
S. 23 links unten: C. Kaiser;
S. 21 oben: R. Müller;
S. 28 oben: Schubert;
S. 23 rechts: Thielemann;
S. 28 J. Wegner;
S. 10, S. 26: K. Wothe;

S. 7, S. 11 links, S. 11 rechts, S. 33: W. Willner;

Alle anderen Fotos vom Autor.

Register

Neue Wege im Weißstorchschutz

Adebar auf dem Rückzug

War der Weißstorch noch zu Beginn dieses Jahrhunderts fast überall in Deutschland eine alltägliche Erscheinung, so zählt er heute in unserer Heimat zu den vom Aussterben bedrohten Tierarten. Wie keine andere Vogelart führt uns Adebar die Zerstörung von Feuchtwiesen, Niederungsgrünland und Auenlandschaften in Deutschland und Mitteleuropa vor Augen. Scheinbar unaufhaltsam gehen seine Bestandszahlen zurück, und immer mehr der mächtigen Storchenhorste bleiben verwaist. Die Zeit scheint nicht mehr fern, daß unsere Kinder und Enkel den Klapperstorch nur noch aus Bilderbüchern werden kennenlernen können.

Eine Lobby für den Storch

Der Naturschutzbund Deutschland e.V. (NABU), der den Weißstorch im Wappen führt, fühlt sich dem Schutz dieser Art seit vielen Jahren besonders verpflichtet. Zusammengeschlossen in länder- und bundesweiten Arbeitsgruppen kümmern sich die Weißstorchschützer des NABU um Adebars Nester, führen alljährliche Bestandserfassungen durch, kartieren gefährliche Freileitungen, helfen bei der Rettung verunglückter Störche und sorgen für die Erhaltung und Entwicklung von Weißstorch-Lebensräumen. Durch Öffentlichkeitsarbeit und naturschutzpolitisches Engagement bemühen sie sich, das Überleben Adebars langfristig zu sichern. Informationszentren des NABU, z.B. in den Storchendörfern Bergenhusen, Linum und Rühstädt, vermitteln tausenden von Besuchern Verständnis für die notwendigen Schutzmaßnahmen.

Bergenhusen – Zentrale des Storchenschutzes

Angesichts der bedrohlichen Situation des Weißstorchs hat der NABU jetzt mit großem Aufwand seine Bemühungen um den Schutz des Weißstorchs noch weiter intensiviert. Er begründete im schleswig-holsteinischen Storchendorf Bergenhusen sein „Institut für Wiesen und Feuchtgebiete - Naturschutzzentrum Bergenhusen". In dieser neuen „Zentrale des Storchenschutzes" laufen nun die Fäden zusammen. Qualifizierte Mitarbeiter werten die eingehenden Daten und Informationen aus und führen Forschungsprojekte zu Biologie, Gefährdung und Schutz des Weißstorchs durch. Sie entwickeln Schutzkonzepte und bemühen sich, diese durch Einflußnahme auf die politischen Entscheidungsträger und durch eine verbesserte überregionale Öffentlichkeitsarbeit umzusetzen.

Wie Sie helfen können

All dies kostet viel Geld. Helfen Sie dem NABU bei seinen Anstrengungen, den Weißstorch, unseren eindrucksvollsten Großvogel, auch für kommende Generationen zu erhalten. Unterstützen Sie durch Ihre Spende die Arbeit des NABU - und engagieren Sie sich selbst, indem Sie Mitglied werden. Weitere Informationen senden wir Ihnen gerne zu.

Naturschutzbund
Deutschland e.V. (NABU)
Herbert-Rabius-Straße 26
53225 Bonn

Spendenkonto:
Bank für Sozialwirtschaft
Kto.-Nr. 8051802
(BLZ 37020500) Stichwort
„Weißstorchschutz"